新时代广东省
人口发展问题研究

韩　靓◎著

人民出版社

责任编辑：余　平
封面设计：汪　阳
责任校对：吕　飞

图书在版编目（CIP）数据

新时代广东省人口发展问题研究/韩靓 著. —北京：人民出版社，2021.10
ISBN 978－7－01－023855－5

Ⅰ.①新… Ⅱ.①韩… Ⅲ.①人口-问题-研究-广东 Ⅳ.①C924.246.5

中国版本图书馆 CIP 数据核字（2021）第 205515 号

新时代广东省人口发展问题研究
XINSHIDAI GUANGDONGSHENG RENKOU FAZHAN WENTI YANJIU

韩　靓　著

人 民 出 版 社 出版发行
（100706　北京市东城区隆福寺街 99 号）

北京汇林印务有限公司印刷　新华书店经销

2021 年 10 月第 1 版　2021 年 10 月北京第 1 次印刷
开本:710 毫米×1000 毫米 1/16　印张:13
字数:187 千字

ISBN 978－7－01－023855－5　定价:48.00 元

邮购地址 100706　北京市东城区隆福寺街 99 号
人民东方图书销售中心　电话（010）65250042　65289539

目　　录

人口老龄化专题

基本公共服务与居留意愿专题

自　序

　　人口是一切经济社会发展的基础性要素。经历了新中国成立以来70余年的发展，我国已经完成了人口转变，人口发展取得巨大成就，人口死亡率明显下降，人口素质显著提高，劳动创造价值能力极大提升。广东省作为我国人口第一大省，人口规模超过1.1亿人，拥有广州和深圳两个超大城市，形成了较为成熟的珠三角城市群。人口取得巨大发展的同时，也支撑了广东省经济产业、科技创新和社会巨大发展。进入新时代以来，全球正处于新一轮科技革命和产业变革的加速推进期，中国经济社会发展面临新形势。近年来，我国人口发展出现了一些显著变化，既面临人口众多的压力，也面临人口结构转变带来的挑战。同样，广东省人口发展也进入人口众多、压力和结构性挑战并存的重要阶段。站在全面深化改革、科技产业创新发展的潮头，广东省人口发展面临一系列的矛盾和新情况，如何挖掘人口潜能，把握新发展阶段、贯彻新发展理念、构建新发展格局，支撑全面建设社会主义现代化国家的广东篇章，成为当前经济社会发展的重要研究课题之一。

　　近年来，笔者连续获得了中央党校（行政学院）、广东省党校（行政学院）和深圳市哲学社会科学规划课题立项，对珠三角城市群人口发展、广东省人口老龄化、深圳人口发展等问题做了一些研究。需要说明的是，部分章节在课题研究过程中作为阶段性成果已在相关期刊进行发表。在这些课题研究的基础上,从更为综合的角度,立足当前全球和国内人口和经济社会发展的最新形势,以及广东新时代发展目标,重点探讨了新时代广东省城市群人口空间分布、人口老龄化、迁移流动等问题。尤其提出,要立足广东省人口规模庞大、挖掘人口潜能,优化城市群和大湾区格局,增强流动人口居留意愿和社会融合,促进人口有序流动和空间合理分布,以及强化全生命周期理念、积极应对人口老龄化等。

本书以总报告、专题形式予以呈现,既体现了人口发展问题的综合性,又对人口发展的具体问题展开分析。其中总报告从广东省层面深入分析了全省人口发展状况及未来发展对策;各专题具体分析人口发展的具体问题,尤其以人口空间分布与迁移、人口老龄化、基本公共服务与居留意愿为主。虽然本书重点聚焦分析广东省,但不局限于省域范畴,还从城市群、超大城市、超大城市边缘城区、广东省之外的城市比较等视角,多角度、多方面、深入细致地分析了新时代广东省人口发展问题,寄希望于能为新时代广东省人口发展贡献智慧和力量,希望广东省人口发展能为谱写全面建设社会主义现代化国家的广东篇章打好坚实基础。

城市群和大湾区建设将是未来广东省人口发展的重要阵地。改革开放以来,广东省经济社会发展较大程度得益于珠三角城市群的巨大发展,改革开放带来巨大的体制机制活力,推动了人口源源不断的集聚。近年来,各大城市纷纷出台了人才政策,广州和深圳作为超大城市,在各个大城市人才引进中仍然占据绝对优势,在国家特大城市人口调控的大环境下,常住人口仍然保持较快增长,充分显示了珠三角城市群的发展活力。当前,粤港澳大湾区建设如火如荼,"十四五"及未来一段时期,这一区域人口发展将会面临重大变化,发挥人口巨大潜能也将成为不可或缺的部分。

人口迁移流动是我国改革开放以来最为显著的人口现象之一,对广东省而言更为如此。目前,人口迁移流动不仅仅受到经济因素影响,同时也受到基本公共服务、环境质量、城市管理治理水平等因素影响。这些因素是新时代推进新型城镇化建设的重要方面,也是促进流动人口社会融合的重要因素。本书从基本公共服务和外来人口市民化、环境质量、城市管理治理水平等角度讨论了流动人口居留意愿,试图为新时代广东省推进新型城镇化建设,尤其是大城市人口有序发展,促进流动人口社会融合提供参考借鉴。

人口老龄化是经济社会发展进步的重要标志。广东省得益于大量年轻人口的流入,人口年龄结构比其他省份要年轻得多。据测算,人口老龄化是未来广东省将面临的重要人口趋势变化。广东省区域人口发展面临不平衡特点,粤东西北的人口老龄化现象明显快于珠三角地区,积极应对这些区域较快的人口老龄化问题更应引起重视。从长远来看,构建与人口老龄化相适应的科技创新、现代产业体系,建设满足老年人的健康养老需求极为重要。广东省不仅要面对自身人口老龄化问题,还要为其他落后地区积极应对人口老龄化提供经验借鉴和参考。

本书聚焦广东省若干人口发展重点问题分析,希望能为致力于广东省人口发展的专家、学者、学生以及实际工作者提供参考。同时,文中难免存在不足之处,恳请指正!

韩　靓

2021 年 5 月于深圳

总 报 告

第一章 新时代广东省人口发展状况、挑战及对策

导言：广东省作为我国人口第一和经济第一大省，人口规模超过 1.1 亿人，GDP 超过 11 万亿元。长期以来，广东省人口持续快速增长，人口年龄结构刚刚步入老年型，城镇化发展已进入后期成熟发展阶段，人口迁移流动依然活跃，人口素质普遍提高，支撑了广东省经济长期快速增长。然而，广东省人口发展依然面临一系列挑战和困难，经济转型中劳动力成本不断提升，人口抚养负担不断加重，人口机会窗口持续闭合，人口老龄化形势明显，地区人口发展不平衡。在全面建设社会主义现代化国家的广东篇章的征程中，应着力把握新发展阶段、贯彻新发展理念、构建新发展格局，谋划新的人口发展战略，立足挖掘人口潜能，持续优化人口空间分布，分类施策促进人口协调发展，强化全生命周期理念，促进积极应对人口老龄化，注重现代家庭文化建设，发挥好家庭在国家治理体系和基层社会治理中的基础性作用。

当今世界处于百年未有之大变局。广东省作为我国人口第一和经济第一大省，人口规模超过 1.1 亿人，拥有广州和深圳两个超大城市，形成了较为成熟的珠三角城市群。面对国内外环境重大变化，以及中国人口发展转折性变化，把握广东省人口发展的变动趋势，对积极认识当前人口发展面临的严峻挑

战,以及发挥经济社会发展的潜能,为支撑全面建设社会主义现代化国家的广东篇章奠定坚实人口基础,具有十分重要的战略和现实意义。

第一节 广东省人口发展基本情况

站在建设社会主义现代化国家新征程的起点,需要对全省人口发展历史与现状进行分析。这是把握广东未来人口发展趋势的关键,有利于加深认识广东省未来人口与经济社会发展的关系规律。新中国成立以来,尤其是改革开放以来,广东省人口发展特点突出,主要表现在以下五个方面。

一、常住人口总量继续保持快速增长,人口转变基本处于稳态

改革开放以来,伴随着深圳经济特区的设立、社会主义市场经济制度的建立完善,广东省成为全国经济发展最快、最有活力的地区,吸引了大量人口流入。常住人口规模快速增长,人口增长幅度不断加大,如 20 世纪 80 年代为111.86 万人/年,20 世纪 90 年代为 136.06 万人/年,进入 21 世纪以来的年均增加人口量达到 187.07 万人(图 1.1)。根据第五、六次全国人口普查数据,2000—2010 年,广东省的年均人口增长率为 2.08%,比同期全国平均水平(0.70%)高出将近两倍,是全国人口增长最快的省份之一。

"十二五"时期,广东省人口增长有所放缓,然而在"十三五"时期,伴随着广东省全面深化改革,新型城镇化建设、户籍制度改革、基本公共服务均等化、部分大城市持续推出人才政策等,人口集聚至广东省珠三角地区态势仍然明显。2019 年底,全省常住人口 11521.00 万人,人口规模继续居全国首位,占全国人口总量的 8.23%,比上年提高 0.1 个百分点。相比 2018 年,常住人口增加 175 万人,增长 1.54%,人口增长态势仍然明显。

从人口变动来看,广东省人口转变已处于稳定状态,进入了人口出生率和死亡率的低位均衡时期。考察人口自然增长数据,广东省的人口转变经历了

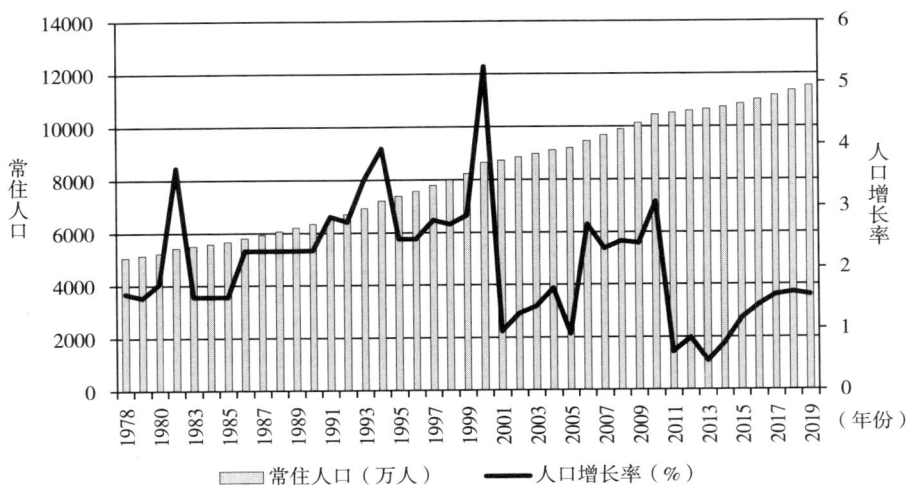

图 1.1 1978—2019 年广东省常住人口变动

数据来源:《广东统计年鉴 2020》。

改革开放前的人口高速增长,人口死亡率率先下降,从 20 世纪 50 年代初的 15‰迅速降至 20 世纪 60 年代末的 5‰—6‰,人口出生率保持在 30‰以上的相对高位,人口自然增长率处于 25‰左右的较高水平。改革开放以来,人口死亡率依然保持在相对低位,人口出生率从 20‰以上降到 10‰左右(图 1.2)。自 2013 年"单独两孩""全面两孩"政策相继实施以来,人口出生率略有回升,但人口自然增长率均维持在 10‰以下。综合判断,当前广东省人口再生产类型开启了"低出生率、低死亡率和低自然增长率"现代模式时期,处于稳定的人口转变状态。

二、人口年龄结构较为年轻,抚养负担发生转折性变化

广东省人口年龄结构不断老化,但仍然较为年轻,尚处在较低程度的老龄化社会。相比大多数省份而言,广东省迈向老龄社会明显较慢,这主要是受大规模劳动力型流动人口影响,总人口抚养比呈现降低趋势,处于人口年龄结构黄金时期。据统计,2019 年,广东省常住人口老龄化水平为 9.0%,明显低于

5

（单位：‰）

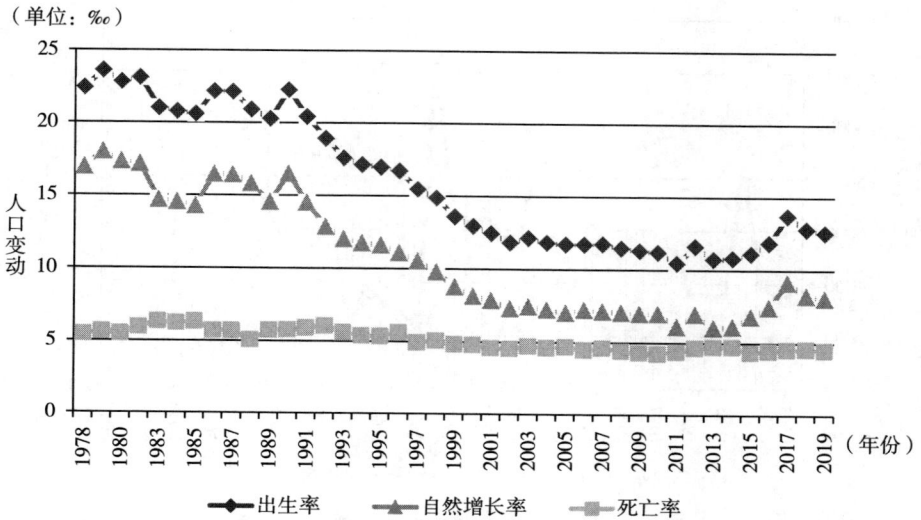

图 1.2　1978—2019 年广东省人口变动

数据来源：《广东统计年鉴 2020》。

全国平均水平。从劳动年龄人口结构来看，广东省 15—64 岁劳动年龄人口比重仍然达到 74.72%，显著高于全国平均水平约 5 个百分点，仍为成年型的人口年龄结构（表 1.1）。总体来看，由于人口出生率、人口大规模流入，尤其以劳动年龄人口为主的流入，使得广东省人口老龄化进程比其他省份明显有所减缓。

按照国际常用标准判断，全省常住人口正处在成年型向老年型过渡的后期。在经济高速增长的拉力下，迁移流动人口的主体是劳动力人口（指 15—64 岁人口），约占迁移流动人口总量的 90% 以上，而少儿人口（指 0—14 岁人口）和老年人口（指 65 岁及以上人口）占比不足 10%，迁移流动人口对常住人口年龄结构影响巨大。迁移流动人口不仅降低了常住人口老龄化程度，还有效减缓了人口老龄化进程。2000—2019 年，广东省常住人口老龄化水平从 6.17% 升至 9.0%，只增加了 2.83 个百分点，而同期的全国人口老龄化水平从 7.10% 升至 12.6%，增加了 5.5 个百分点，广东省人口老龄化增速仅相当于全国平均水平的一半。

表 1.1 广东省人口年龄结构及抚养比变化

年份	人口年龄结构（%）				人口抚养比（%）		
	总人口	0—14 岁	15—64 岁	65 岁及以上	少儿抚养比	老年抚养比	总抚养比
1964	100.00	41.51	54.64	3.85	75.96	7.05	83.01
1982	100.00	33.61	60.93	5.46	55.17	8.96	64.13
1990	100.00	29.91	64.14	5.94	46.64	9.27	55.90
2000	100.00	24.11	69.72	6.17	34.58	8.85	43.43
2010	100.00	16.88	76.33	6.79	22.11	8.89	31.00
2015	100.00	17.37	74.15	8.48	23.43	11.44	34.87
2019	100.00	16.28	74.72	9.00	21.79	12.04	33.83

数据来源：①广东省 1964 年、1982 年、1990 年、2000 年、2010 年人口普查资料；②《2015 年广东省 1%人口抽样调查资料》；③《广东统计年鉴 2020》。

从人口抚养负担来看，1964 年以来，全省总抚养比呈持续下降趋势，近年来总体呈现缓慢上升。总抚养比从 1964 年的 83.01%降至 1990 年的 55.90%，自 1995 年前后开始下降至 50%以下，到 2000 年和 2010 年进一步降至 43.43%和 31.00%。广东省总人口抚养比下降，主要是源于两方面原因：一是受以劳动年龄人口为主的流动人口影响，劳动年龄人口占比持续上升，从 1964 年的 54.64%升至 2010 年的 76.33%；二是在人口计划生育政策作用下，妇女生育率下降，出生人口数锐减，少儿人口占比大幅降低，从 1964 年的 41.51%降至 2010 年的 16.88%，相应地，老少比从 9.27 升至 40.23①。近年来，广东省总抚养比仍表现小幅下降，这主要得益于大量劳动年龄人口流入所致。广东省总人口抚养负担不断降低，使得人口机会窗口始终保持开启状态，为全省社会经济可持续发展创造了良好的人口环境。

---

① 老少比=65 岁及以上人口数/0—14 岁人口数×100。

三、城镇化发展进入成熟发展阶段,但区域差异较大

改革开放以来,广东城镇化进程不断加快,城镇的规模和人口数量不断扩大。改革开放初期,广东省城镇化发展水平较低,经过 40 余年的发展,人口城乡分布发生巨大变化(图 1.3)。1978 年,广东省人口城镇化率仅为 16.3%,到了 1990 年提高至 36.8%,意味着广东省城镇化发展在 20 世纪 80 年代末进入加速发展阶段。伴随着广东省经济产业的快速发展,尤其是珠三角地区经济飞速发展,大力建设城市基础设施,发展基本公共服务,大量外来人口流入广东城镇地区,广东省形成了广州、深圳等超大城市。2005 年,广东省人口城镇化率提高至 60.7%,已进入城镇化中后期发展阶段,2019 年达到 71.4%。参照美国城市地理学家诺瑟姆城市化发展进程三个阶段的研究理论,当城镇化率超过 70% 时,人口城乡分布趋于稳定。由此认为,目前广东城镇化已进入后期的成熟发展阶段。

（单位：%）

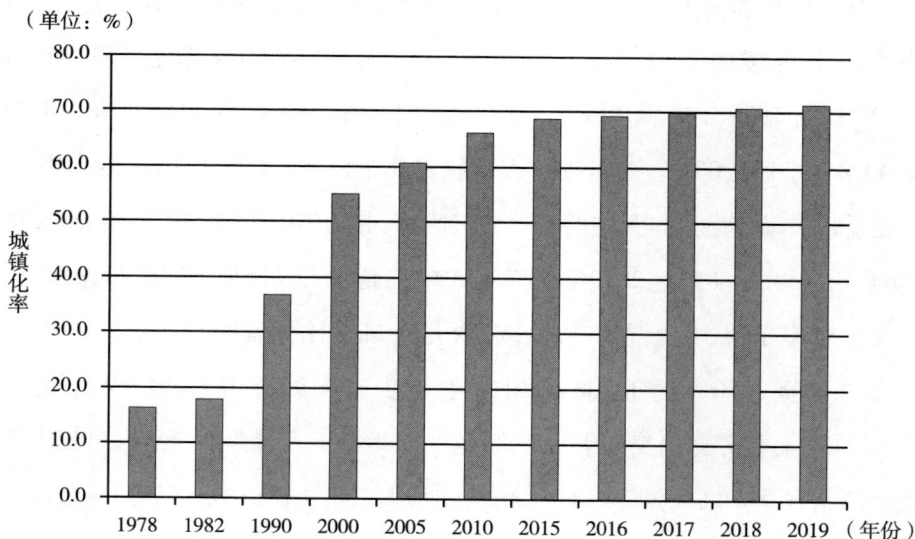

图 1.3　1978—2019 年广东省城镇化发展状况

数据来源:《广东统计年鉴 2020》。

与全国同期水平相比,广东省城镇化率长期处于较高水平,2019年高出全国10个百分点(图1.4)。作为省份而言,处于全国各个省份前列,仅落后于上海、北京、天津三个直辖市。广东省城镇化经过30年左右时间的前期快速发展,已经达到较高的层次,现正处于稳定成熟的时期。

(单位：%)

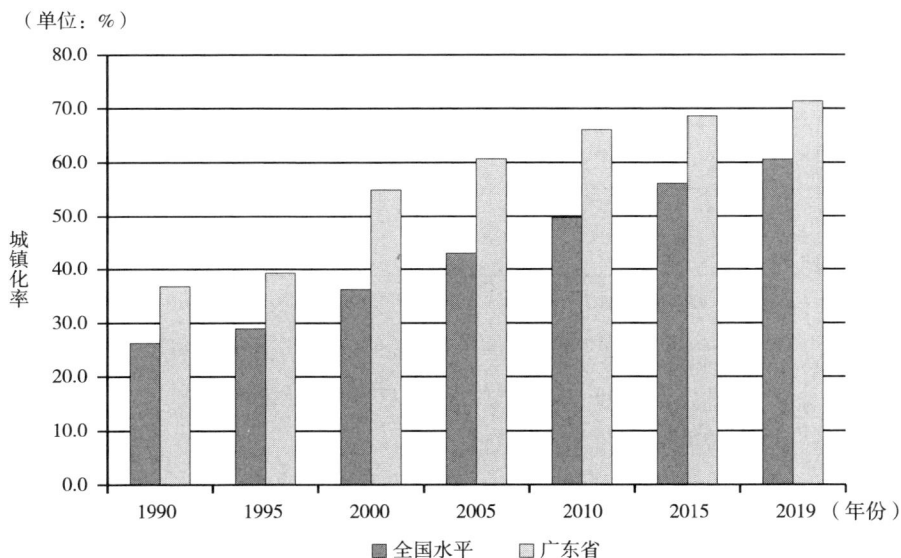

图1.4 1990—2019年广东省城镇化率与全国同期水平比较

数据来源：①《广东统计年鉴2020》；②《中国统计年鉴2020》。

分区域来看,广东省城镇化发展存在明显的区域性差异,珠三角地区城镇化率明显高于粤东地区、粤西地区和粤北山区(图1.5)。在城镇体系建设方面,全省已逐步形成珠江三角洲地区率先发展、东西两翼稳步发展、粤北地区加快发展的区域格局,以及大中小城市与小城镇协调发展的城镇体系。2019年,以广州和深圳等为主体的珠江三角洲地区城镇化率达86%,已进入城镇化发展的成熟阶段,而粤东地区、粤西地区和粤北山区的城镇化明显不及全省平均水平,其中粤西地区城镇化水平最低。总体来看,珠三角地区已处于后期成熟发展阶段,粤东地区的城镇化水平与全国平均水平相当,粤西地区及粤北山区的城镇化水平与全国平均水平相比仍存在较大差距。

9

（单位：%）

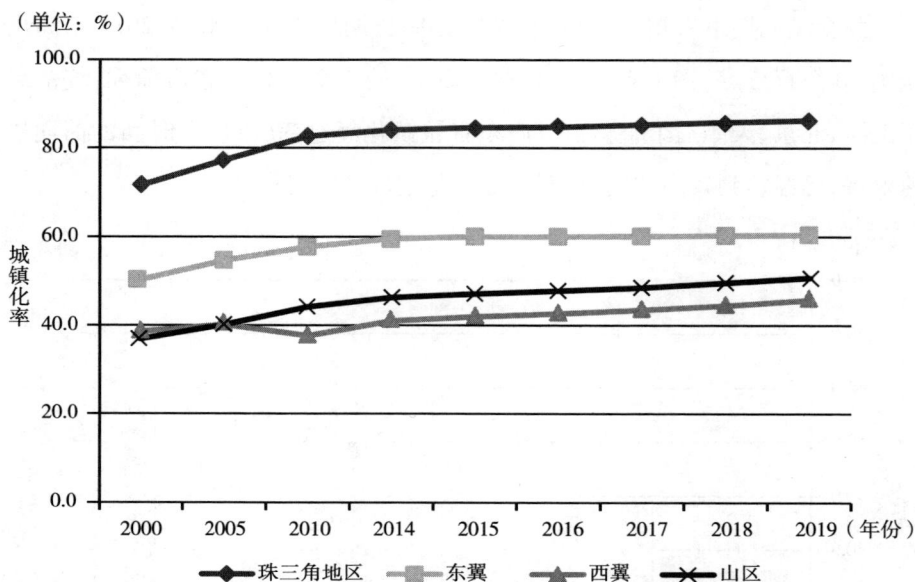

图 1.5 2000—2019 年广东省分区域城镇化发展状况

数据来源:《广东统计年鉴 2020》。

从分城市来看,广东省各个城市人口城镇化率呈现较大差异。深圳作为经济特区,经济发展迅速,在 2004 年之后基本实现了完全城市化,广州、佛山、东莞、中山等城镇化率超过 80%,进入成熟发展阶段。与此同时,广东省也有较多城市的城镇化水平较低,如云浮、河源、清远、阳江等粤西地区和粤北山区(表 1.2)。总体来看,各地市人口城镇化发展水平差异较大,继续推进粤西地区和粤北山区城镇化发展也是未来广东省城镇化发展的重要方向。

表 1.2 广东省各市人口城镇化率 （单位:%）

年份 市别	1982	1990	2000	2010	2015	2019
全省	18.49	36.76	55.00	66.17	68.71	71.40
广州	63.26	69.40	83.79	83.78	85.53	86.46
韶关	23.41	29.11	51.13	52.53	54.29	57.39

续表

年份 市别	1982	1990	2000	2010	2015	2019
深圳	32.28	64.87	92.46	100.00	100.00	99.52
珠海	40.45	60.41	85.48	87.65	88.07	90.72
汕头	18.17	29.83	67.00	68.46	70.22	70.44
佛山	17.60	33.55	75.06	94.09	94.94	95.00
江门	13.41	27.46	47.08	62.30	64.84	66.71
湛江	23.67	31.65	38.47	36.68	40.74	43.96
茂名	12.94	19.14	37.45	35.06	40.02	44.81
肇庆	8.90	17.91	32.52	42.39	45.16	48.63
惠州	13.85	29.42	51.66	61.84	68.15	72.12
梅州	7.30	12.99	37.21	43.01	47.79	51.49
汕尾	19.91	28.03	52.58	54.18	55.03	55.20
河源	4.99	14.46	26.53	40.04	42.15	46.50
阳江	9.56	26.05	41.92	46.81	49.91	53.61
清远	6.01	14.11	32.60	47.54	49.07	53.50
东莞	12.35	31.99	60.04	88.46	88.82	92.10
中山	13.93	32.59	60.67	87.82	88.12	88.40
潮州	19.67	25.79	43.41	62.75	63.80	65.80
揭阳	—	—	37.91	47.31	50.89	51.23
云浮	—	—	35.86	36.96	40.23	42.92

数据来源:历年广东省统计年鉴。

注:①揭阳市和云浮市在1982年、1990年分别计入汕头市和肇庆市;②1990年汕尾市、河源市、阳江市、清远市、东莞市和中山市的数据略有调整。

四、人口迁移十分活跃,流动人口规模依然庞大

改革开放以来,尤其是20世纪80年代中后期开始,广东省伴随着商品经济和社会主义市场经济的探索建立,步入了工业化、城市化和现代化发展的新阶段,随之而来的是人口的大规模迁移与流动。广东省是我国人口迁移十分明显的省份,尤其是在20世纪80年代及90年代非常明显的南下打工潮,使

得广东省人口快速发展。数据显示,广东省人口迁入和人口迁出均十分明显,在 1978—2008 年的 30 年间,广东省人口迁入率均在 15‰上下,部分年份超过 20‰,这表现在省内迁移和跨省迁移;与此同时,广东省人口迁出亦十分活跃,基本也维持在 10‰以上,人口迁出主要表现为省内迁移。2008 年之后,人口迁移呈现下降趋势,近年来又有明显的回升,人口迁入率超过 15‰(图 1.6)。

从净迁移率来看,广东省人口净迁移率长期为正,尤其近年来,人口净迁移率不断升高,表现出人口迁入增加,这得益于广东省近年来在国家经济新常态下,依然保持改革开放、创新发展的良好势头,经济仍然保持较快增长,吸引了大量人口人才迁入。因此,准确把握人口迁移流动的现状和规律,将有利于制定相适应的人口迁移政策制度,促进人口的合理有序分布,进而推动经济社会的更好更快发展。

（单位：‰）

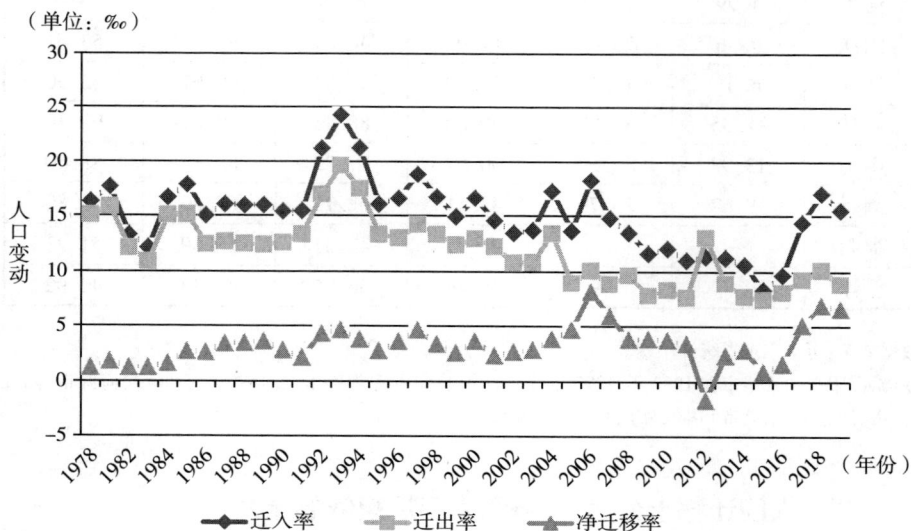

图 1.6　1978—2018 年广东省人口迁移状况

数据来源:《广东统计年鉴 2020》。

改革开放以来,广东省常住人口中流动人口"能见度"提高,流动人口比重较大。改革开放初期,广东省基本没有流动人口,20 世纪 80 年代中后期,流动人口规模和比重快速增长;从 20 世纪 90 年代初期开始,流动人口大规模涌入,净流动人口规模从 1990 年的 100 万人增加到 2000 年的 1100 万人;净流动人口比重陡然提高,相应地从 1.6%上升到 13.3%。进入 21 世纪以来,净流动人口规模依然快速增长,2010 年达到 1900 万人,近年来一直维持在 1800 万—1900 万人的水平(图 1.7)。总体来看,广东省人口发展历程中,流动人口的壮大发展是极为重要的力量。

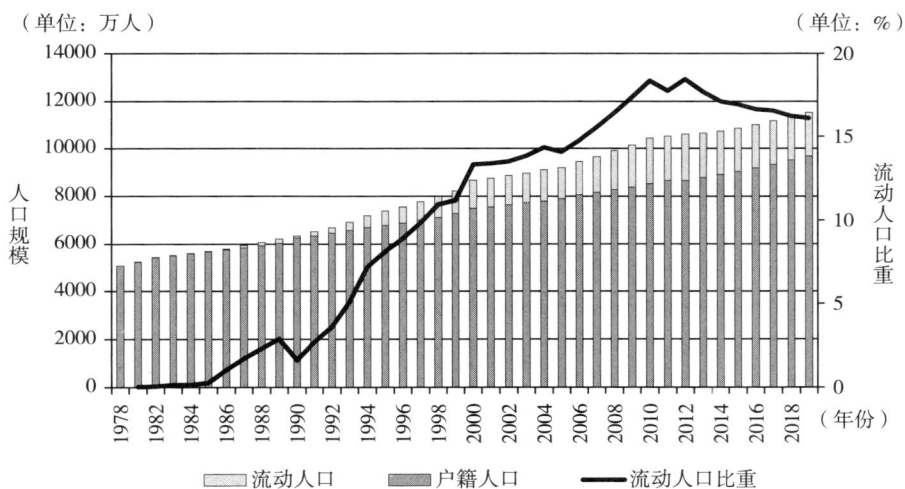

（单位：万人）　　　　　　　　　　　　　　　　　　　　　（单位：%）

图 1.7　1978—2018 年广东省户籍人口、流动人口状况

数据来源:《广东统计年鉴 2020》。

注:流动人口根据常住人口和户籍人口计算而得。

五、人口文化素质普遍提高,为就业提供扎实基础

伴随着教育事业的蓬勃发展以及大量较高文化素质的流动人口流入,广东省人口受教育水平明显提高。根据联合国教科文组织的定义,人均受教育年限是指 6 岁及以上人口的平均受教育年限,用公式可以表示为:人均受教育年限 $= \sum_{k=6}^{19} \frac{k \text{ 年学制人数} \times k}{6 \text{ 岁及以上人口数}}$ (其中,k 为学制年数,本章按学制设定为小学 6 年、初中 3 年、高中 3 年、中专 2 年、大专 3 年、本科 4 年、研究生 3 年)。根据

广东省历次人口普查,计算得到广东省 1964 年第二次人口普查时的人均受教育年限为 3.61 年,到 1982 年、1990 年、2000 年分别上升至 6.06 年、6.65 年、8.18 年,到 2010 年时进一步升至 9.18 年,比全国同期平均水平(8.78 年)高出0.40 年,2015 年进一步提高至 9.37 年,仍然明显高于全国平均水平。这表明,广东省近年来的教育事业成绩喜人,尤其是在基础教育方面取得了长足发展。

从各类受教育程度人口的分布来看(图 1.8),1982—2015 年,接受过高

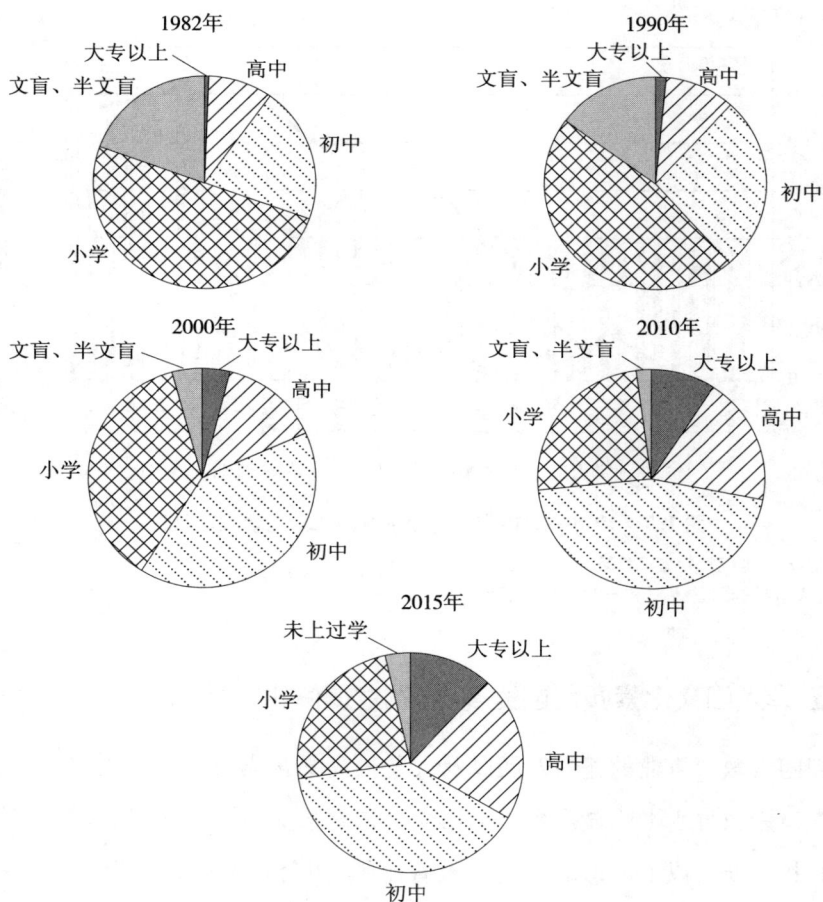

图 1.8 广东省 6 岁及以上人口受教育程度构成情况

数据来源:①广东省 1982 年、1990 年、2000 年、2010 年、2015 年人口普查资料;②《2015 年广东省 1%人口抽样调查资料》。

等教育人口(含大专、本科和研究生)是增加最快的人群,在 6 岁及以上人口中的比例从 1982 年的 0.59% 升至 2015 年的 11.9%,6 岁及以上人口中有超过一成的人口接受了高等教育。2015 年超过七成的 6 岁及以上人口接受过初中及以上文化教育,目前全省基本普及了初中文化教育,基础教育跃上新台阶。

从广东省常住人口规模和人口年龄结构来看,广东不仅是全国常住人口第一大省,同时就业人口总量也居全国首位。早在 20 世纪 80 年代、90 年代第一代"打工仔""打工妹"到广东打工,到如今高校毕业生前往广州、深圳等大城市就业,大量的高端人才支撑了深圳科技创新、经济快速发展。从就业人口受教育水平来看(图 1.9),2015 年广东省就业人口受教育水平为 10.13 年,比 2010 年时提高近 0.4 年。与全国相比,广东省就业人口受教育水平明显更高,2015 年广东省比全国高出 0.5 年。

（单位：年）

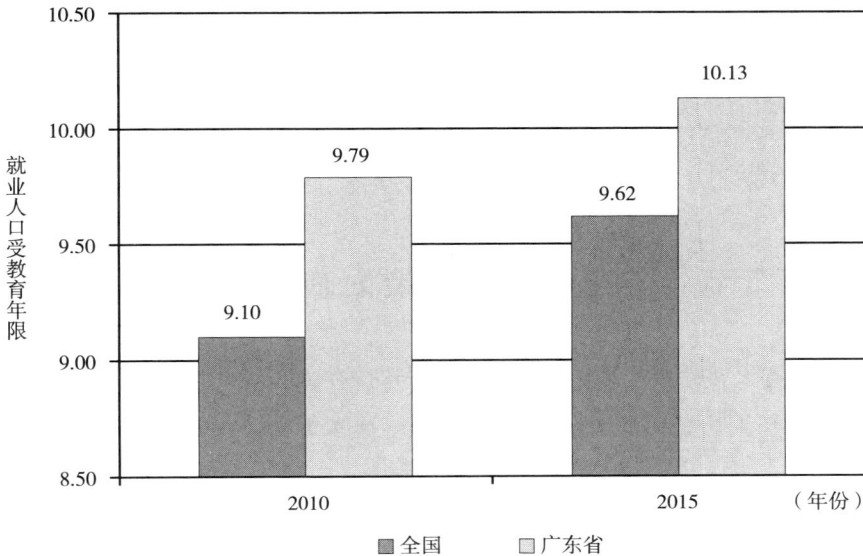

图 1.9　2010 年、2015 年全国和广东省就业人口受教育水平比较

数据来源:①《2015 年全国 1% 人口抽样调查资料》;②《2015 年广东省 1% 人口抽样调查资料》。

从受教育程度来看,广东省的高等教育发展速度与经济发达程度尚不匹配,存在一定的不足。总体来看,广东小学以下教育水平就业人口比例远低于全国平均水平,初中和高中教育水平就业人口比例明显高于全国平均水平,这是广东平均受教育年限较高的主要原因。2015年,广东省受过大专及以上教育的就业人口比重低于全国平均水平0.2个百分点,这与广东经济发展水平在全国所处地位极不相称(表1.3)。这表明广东需要进一步提高教育水平,重点发展高等教育,培养高级专业技术人才。

表1.3　广东和全国就业人口受教育程度构成　　　(单位:%)

年份	地区	未上过学	小学	初中	高中	大专以上
2010	全国	3.41	23.86	48.8	13.87	10.06
	广东	0.87	15.69	53.12	19.59	10.73
	广东比全国增减(百分点)	-2.54	-8.17	4.32	5.72	0.67
2015	全国	2.92	19.52	46.03	16.90	14.60
	广东	0.92	13.90	47.64	23.20	14.40
	广东比全国增减(百分点)	-2.00	-5.61	1.61	6.30	-0.20

数据来源:①《2015年全国1%人口抽样调查资料》;②《2015年广东省1%人口抽样调查资料》。

第二节　广东省人口发展面临的挑战与困难

广东省人口发展在取得巨大成绩的同时,在人口结构转变、人口城镇化、人口素质提升方面出现不少的矛盾,这对于广东省促进经济社会可持续发展带来了一系列挑战。

一、劳动力成本不断上升,就业结构性供需矛盾持续加深

长期以来,广东省依靠庞大的外来劳动人口,为经济发展提供了充裕的劳

动力资源,再加上制度改革优势,良好的国内国外经济社会发展环境,收获了丰厚的人口红利,这是广东省取得经济腾飞成绩的重要因素。自21世纪初以来,随着人口结构变化,到"十二五"时期,广东省劳动力供给拐点已经出现,劳动力市场上明显表现出劳动力短缺、企业招工难、招工贵等现象。在广东省的深圳、东莞等城市,目前已经出现了明显劳动力市场成本逐渐攀升的大趋势,制造业利用廉价劳动力竞争的模式亟待改变。

广东省成为我国人口第一大省,得益于大规模的外来年轻劳动力。2015年广东省1%人口抽样调查数据显示,广东的跨省流动人口占全国的24.8%,表明中国近1/4的跨省流动人口都流向了广东,为经济社会发展注入了强大动力。对于跨省流动人口大省的浙江、江苏、山东而言,跨省流动人口占全国的比重依次为12.07%、8.95%、2.28%,说明广东省经济社会成果由跨省流动人口贡献的比例明显更大。在当前流动人口流动分散化、返乡回流,以及面临经济发展新常态的大背景下,广东劳动力市场出现明显的供需矛盾。另外,随着广东周边省份经济的快速发展,农村剩余劳动力转移殆尽,以及当前经济结构转型和增长动力方式转换,未来劳动力流入广东可能有所减少,将会加剧就业结构性矛盾,就业难与就业不充分并存的现象仍然明显。

二、人口抚养比将逐步加重,人口机会窗口逐渐闭合

受人口政策、劳动力迁移流动政策、人才政策等因素影响,我国多数省份人口抚养比跌到低谷后持续反弹,抚养负担明显加重,人口机会窗口不断闭合。纵观广东省人口结构性转变,发现广东省人口抚养比并未出现如上情况。据2019年广东省人口变动抽样数据,目前每100名劳动年龄人口大致需要负担35名非劳动年龄人口,相比"十二五"和"十三五"时期,人口抚养负担仍有所下降。显然,受外来劳动适龄人口(15—64周岁)数量相对较多的影响,广东省人口总抚养比明显低于同期全国平均水平,依然是目前全国人口抚养负担相对较轻的省份之一。然而,伴随着人口回流,广州、深圳等大城市居住工

作成本明显攀升,房价高企等因素,未来年轻劳动力仍然大幅流入的可能性降低。随之而来的是,广东省人口抚养比将缓慢回升。

广东省是我国收获丰厚人口红利的重要省份之一,然而,随着人口结构转变和劳动力流入规模缩小,人口抚养负担将逐渐加重,未来广东省人口机会窗口将逐渐闭合。由此,"十四五"乃至今后不长的一个时期,全省总人口抚养负担处于较轻时期,是广东人口发展战略机遇期,这将为构建社会保障体制、充分采集人口红利、开发利用人力资源营造良好的人口发展环境。需要重点把握好"十四五"社会主义现代化建设的起始阶段,推动人口红利转型。

三、人口素质对科技创新、现代产业发展支撑力仍显不足

进入新时代以来,我国经济发展进入新常态,面临增长动力转换、产业结构调整、发展方式转变等一系列压力。广东省作为改革开放、创新发展的前沿阵地,同样也面临一系列经济发展压力。在此背景下,依靠传统的经济发展模式将不可持续,要促使经济发展动力向科技创新、人力资本等方向转变。广东主动加大科技创新的投入、加大人才吸引力度,积极构建现代产业体系。尤其是近年来,广州、深圳等超大城市纷纷出台了一系列空前的人才政策,吸引了国内外高层次人才,为广东科技创新、现代产业发展注入了新的动力。然而,根据2015年广东省1%人口抽样调查,虽然广东省就业人口平均受教育年限比全国高出约0.5年,但从受过高等教育的就业人口来看,全省大专及以上教育程度就业人口占比却低于全国0.2个百分点。这既有广东省高等教育发展不及全国平均水平的因素,也是大规模较低受教育水平的跨省流入人口所致。显然,当前就业人口受教育结构难以有效支撑广东省实施科技创新、构建现代产业体系的政策。

与江浙等经济强省比较来看,广东省就业人口中与科技创新、现代服务业相关的从业人口受过高等教育的比例也明显偏低。数据显示,"十二五"时

期,广东省就业人口中"专业技术人员"的比例为7.67%,比全国平均水平低约0.8个百分点,比江苏、浙江、山东等经济强省也明显要低。当前就业人口受教育水平状况,难以加速"人口红利"向"人才红利"转变,不利于经济发展从依靠要素推动转向人力资本质量和科技创新驱动。

四、人口老龄化态势明显,积极应对人口老龄化的政策制度尚需完善

21世纪的人口老龄化趋势不可避免。尽管广东省当前人口年龄结构仍然较为年轻,老龄化程度较轻,不及全国平均水平,但是,不同的人口预测方案显示,在社会主义现代化国家新征程道路上,广东省人口老龄化将持续加深,2035年前进入老龄化社会,2050年前进入重度老龄化社会。面对不可逆转的人口老龄化形势,尽管广东省经济社会发展基础较其他省份好,但积极应对人口老龄化的政策制度仍然存在较多短板,处在积极探索之中。

当前,广东省正在构建和完善积极应对人口老龄化的政策制度,推动老龄事业和养老服务发展,但在积极应对人口老龄化的理念、养老服务体系建设方面还不完善、医养康养相融合不足、老年人力资源开发还未起步,同时还面临广东省城乡、区域发展不平衡等突出矛盾。与此同时,正因为人口老龄化程度相对较轻、经济发展相对较好,导致广东省积极应对人口老龄化并未走在全国前列,还未形成良好的社会氛围。对于广东而言,既要探索一条经济社会发展条件较好地区积极应对人口老龄化道路,又要探索一条经济社会发展条件较差地区积极应对人口老龄化道路,这些对广东省积极应对人口老龄化形成了巨大的挑战。

五、地区人口发展不平衡现象依然突出,流动人口规模庞大带来巨大的社会治理挑战

长期以来,广东省受到经济社会、地理空间和自然资源等诸多因素的综合

影响,区域之间、城乡之间发展不平衡不充分成为广东基本省情和突出短板。改革开放以来,珠三角地区的经济产业、科技创新、公共服务明显优于广东其他地区,这既是经济社会发展的结果,又是加剧地区发展不平衡的重要原因。广州、深圳、东莞、佛山等珠三角核心地区是广东省常住人口数量增幅最大、增长速度最快的区域,并且近年来,常住人口仍然向珠三角都市圈集聚。数据显示,2019 年,广州和深圳两个超大城市的人口增量分别为 40.1 万人和 42.2 万人,人口仍然在大幅向珠三角核心区集聚,这势必会进一步加剧广东省人口发展不平衡的矛盾。再比如,广东常住人口城镇化发展进入后期成熟阶段,发展步伐明显快于全国,然而全省城镇化水平表现出明显的差异性,部分城市人口城镇化率超过了 80%,而有些仍不足 50%,或者不及全国平均水平。

流动人口既是经济社会发展的重要动力,同时也是成果的共享者。然而在经济社会发展中,流动人口在贡献力量的同时也增加了社会管理难度。据统计,2019 年,广东省流动人口规模达到 1900 万人,主要是湖南、湖北、广西、江西、四川、河南等跨省流动人口,省内流动人口主要来源于粤东西北等欠发达地区。大规模的流动人口为广东省带来了巨大的社会管理治理压力,既引起了对基本公共服务资源的竞争,也对以行政区划为基本公共服务配置单元的制度带来了挑战。

第三节　今后一个时期广东省人口发展的对策建议

站在历史发展的新起点,广东省不仅要克服自身发展面临的困境和矛盾,实现自身经济社会转型发展,同时也需要着力把握新发展阶段、贯彻新发展理念、构建新发展格局,为国家发展作出重要贡献,还需要为其他欠发达省份探索一条人口与经济社会协调发展的道路。

一、继续深化人口发展战略研究,促进人口长期均衡发展

国家"十四五"发展规划明确提出,要研究制定长期人口发展战略。作为我国人口第一大省,广东省需要率先研究制定全省人口发展战略,高度重视应对人口众多及人口结构性矛盾,将新发展理念贯穿于人口发展战略当中。人口问题始终是影响经济社会发展的基础性、全局性和战略性问题。针对全省人口发展的新形势、新特征、新情况,围绕挖掘人口潜能、人口长期均衡发展、积极应对人口老龄化、促进人口素质提高、促进家庭和谐幸福、促进人的全面发展等目标,继续深化人口发展战略研究,探究新时代具有广东省特色人口发展路径。

加强人口重点领域研究,主要包括加强生育友好的社会政策,人口与经济社会、环境资源和科技进步的关系,人口老龄化时代经济发展问题、促进人口红利向人才红利转型,人口迁移流动趋势、优化珠三角地区和粤港澳大湾区人口空间分布、促进外来人口市民化和社会融合,人口素质提升、促进人口长期均衡发展,等等。加强与人口相关的政策储备研究,促进人口长期均衡发展,为推动经济社会可持续发展创造良好人口环境。

二、立足挖掘人口潜能,持续收获人口红利和人才红利

积极发挥丰富且廉价的劳动力资源优势是广东省实现经济腾飞的重要措施。伴随着人口增长势头减缓,劳动力资源老化,未来广东省不可能持续依靠丰沛的劳动力资源实现经济高质量发展。需要立足挖掘人口潜能,包括人口老龄化时代劳动力结构和质量变迁、人口空间分布优化进程中的人口潜在能力挖掘。比如,积极应对人口老龄化,不能仅仅理解为对老年人养老的问题,也包括在老龄化时代经济社会持续增长发展的问题。

继续优化广东省人口空间分布,促进人口空间分布优化带来的劳动力资源配置效率提升,提高劳动生产率。加强劳动力在职培训或职业技能培训,激

发劳动者的创造力,促进产业结构优化升级和劳动生产率提高。对广东这样一个经济和人口大省来说,仅仅依靠引进人才、吸引人才是远远不够的,需要加强就业人口整体素质的提升。继续重视基础教育,加快培养本地专业技术人才,尤其是与经济社会转型发展相适应的技能型人才。从人生规划角度创新人口就业理念,创新人生价值年龄,挖掘各个阶段的人口潜能,率先构建老年人力资源开发政策体系。

三、优化人口空间分布,推动全省分类施策的人口协调发展

人口发展不平衡是广东省发展的突出特点。结合广东省人口、经济和社会发展基础以及未来建设发展方向,继续优化人口空间分布,分类施策,促进人口在粤东西北、珠三角地区、粤港澳大湾区建设中协调发展。粤东西北扩容提质将为粤东西北地区带来新一轮的发展机遇,也是广东省新型城镇化的重要举措。从深莞惠一体化来看,加快推动粤东扩容提质,促进深圳东部地区对粤东的辐射带动作用。扩大深圳与包括东莞、惠州、汕尾、汕头、揭阳、梅州在内的粤东地区的产业、交通合作。加强广州、佛山等对湛江、茂名、阳江、云浮等粤西地区的辐射带动作用,尤其是产业发展、交通建设、生态环境保护、旅游开发、区域协同治理等的交流与合作,实现互利共赢。

强化湾区经济优势,加强广东珠三角地区和香港、澳门地区的科技创新和产业发展的实质性合作。利用滨海资源优势,聚焦发展湾区经济,积极融入广东省海洋经济发展圈层,共同推进粤港澳大湾区打造世界一流湾区经济。发展海洋经济,促进生物医药、装备制造等高端制造业及滨海旅游、港口物流等现代生产性服务业的发展,为"海上丝绸之路"的建设提供强有力的坚实载体和战略支点。珠三角地区在新一轮的国家战略中,将与香港和澳门地区,对更广阔领域的科技创新、资金、劳动力、自然资源等要素进行集聚交换和优化分配,推进科技产业创新合作发展。

四、强化全生命周期发展理念,继续完善积极应对人口老龄化的政策制度

针对当前积极应对人口老龄化的不足和短板,强化积极应对的发展理念,从全生命周期理念方面继续完善应对人口老龄化的政策措施,探索一条具有广东省特色的积极应对人口老龄化的道路。突破原有对积极应对人口老龄化着眼于老年人的范畴,从整个人生规划角度,认识到人口问题的全生命周期性。加强积极应对人口老龄化的财富储备、人力资本提升、科技支撑、产品和服务供给、社会环境宜居友好型创建等。加强整合和完善老年医疗卫生服务体系,加强老年群体健康管理服务,优先推进失能老人等特殊老年人群的照料服务。

把握新时代美好生活的需求,认识老龄社会中与生命健康、价值创造相关的需求增长。比如,针对旺盛的老年护理、健康需求,以及老年人经济社会参与需求,加快研发应用家庭服务机器人、老人智能移动辅助产品等。围绕老年失能失智、残障人士、医疗康复、功能发挥等需求,加强智能养老产品的科技研发与应用,构建与人口老龄化相适应的现代化经济体系。重点加大对广东省农村地区、偏远山区及贫困地区养老服务基础设施的规划、配套和公共财政投入,力争缩小乃至拉平地区以及城乡养老服务供给的差距,使每个老年人共享改革发展的成果。推动医疗健康领域的数据共享应用,探索建立与老年人相适应的智慧健康养老城市。

五、加强现代家庭文化建设,努力发挥好新时代家庭功能

家庭是社会建设的基础工程,事关国家治理体系和治理能力现代化与基层社会治理。长久以来,家庭承担着丰富的养老、育幼、感情维系等功能。进入新世纪以来,随着经济发展形态变化,家庭功能存在明显的弱化,这从根本上不利于人口长期均衡发展和经济社会稳定发展。因此,明确家庭在当今社

会建设、人民幸福安康、社会治理发展中的重要作用,重视加强家庭、家教、家风建设,助力提高社会文明程度。

　　紧紧围绕新时代家文化核心,培育和践行以社会主义核心价值观为核心的家庭文化建设,逐步形成现代文明家庭建设新风尚。构建支持家庭发展能力建设的政策体系,包括税收减免、家庭成员关系增强和维系、家庭类的假期制度完善等,提高家庭应对各种危机尤其是家庭自身危机的能力,不断提高家庭在基层社会治理中的参与度。深化改革与老年人相关的人口政策制度,比如老年人随迁落户政策,强化子女赡养老年人的职责和动力,促进发挥家庭养老的基础性功能。针对贫困家庭、计生特殊家庭、残疾人家庭、留守老人家庭等特殊家庭,妥善解决他们的生活照料、养老保障、大病治疗和精神慰藉等问题。

人口空间分布与迁移专题

第二章 珠三角城市群人口城市化态势及问题研究

导言：20 世纪 90 年代以来,珠三角城市群人口城市化呈现如下特征:
(1)珠三角城市群常住人口规模大幅度增加,但增幅和增速明显放缓,近年增幅在长三角城市群、京津冀城市群等三大城市群中最低;增长模式从普遍式增长,到集中在深圳、广州、佛山、东莞和惠州等城市,再到近年来集聚于深圳和广州的人口聚焦式增长。(2)外来人口大规模增长是常住人口规模增长的主因,2010 年后外来人口主导趋势弱化,户籍人口增长正逐渐成为常住人口增长的主因。东莞、深圳等城市出现明显的人口倒挂现象,东莞目前 4 人中有 3 个是外来人口。(3)跨省流动和乡城流动是珠三角城市群流动人口的主要迁移模式;近年迁移的经济动因有所下降,随同迁移比例明显上升。(4)珠三角城市群城市化水平居三大城市群之首,但市际差异较大,且增速逐渐放缓。虽然珠三角城市群体系日渐完善,城市之间联系不断加强,人口规模逐渐壮大,人口空间分布向均衡发展,但还存在核心城市辐射带动作用发挥不足、城市化水平两极分化严重、产城协调性不高、人口稳定性不强等问题。本章提出强化城市群发展思维,推动城市群内创新产业合理分工,推动产业结构转型升级、产城融合和社会融合,引导人口有序分布,促进珠三角城市群健康发展。

城市群是国家参与全球竞争与国际分工的全新地域单元,是我国新型工业化和新型城镇化发展到较高阶段的产物,已成为当前我国推进新型城镇化的主体。《中华人民共和国国民经济和社会发展第十三个五年规划纲要》《国家新型城镇化规划(2014—2020 年)》《广东省新型城镇化规划(2014—2020 年)》等系列文件都提出珠三角城市群要以建设世界级城市群为目标。珠三角城市群是中国改革开放后经济最发达、城市化进程最快的地区之一,但与世界五大城市群及长三角城市群相比,在人口城市化发展、城市层级体系等方面还存在较大差距,发育不足。

在广东省提出"建设以广州、深圳为双核的珠三角世界级城市群"的目标背景下,迫切需要研究珠三角城市群人口城市化发展态势及存在的问题,为促进珠三角城市群发展提供科学依据。

第一节 珠三角城市群人口城市化态势

一、人口发展历程

本章的研究对象为珠三角城市群,包括广州、深圳、珠海、佛山、江门、肇庆、惠州、东莞、中山 9 个城市。分析过程涉及与其他两大城市群——京津冀城市群和长三角城市群对比分析,界定如下:京津冀城市群涉及北京、天津和河北省,包括北京、天津、石家庄、唐山、秦皇岛、保定、张家口、承德、沧州、廊坊等 10 个城市;长三角城市群涉及上海、江苏省和浙江省,包括上海、南京、无锡、常州、苏州、南通、扬州、镇江、泰州、杭州、宁波、嘉兴、湖州、绍兴、舟山、台州等 16 个城市。

(一)珠三角城市群人口增长经历了先快后慢的过程

根据人口普查数据,1990 年珠三角城市群常住人口规模为 2559.82 万人,2000 年增长到 4287.91 万人,2010 年达到 5612.69 万人。截止到 2017 年,珠三角城市群常住人口规模达到了 6150.54 万人,是 1990 年的 2.4 倍。

1. 1990—2000 年,是珠三角城市群常住人口增长最快的阶段。广州、深圳、东莞制造业的崛起使外来人口快速集聚,带来了珠三角城市群年均 173 万的常住人口增量。1990—2000 年间,珠三角城市群常住人口增加了 1728 万人,增长了 67.5%,其中,深圳、东莞、广州和佛山人口增量占总人口增量比重分别为 30.91%、27.22%、21.08% 和 13.5%,即该阶段珠三角城市群常住人口增量近 93% 都是由深圳、东莞、广州和佛山四地常住人口增加所致。在珠三角城市群中只有肇庆常住人口是负增长,十年间减少了 188.86 万人,下降了 11%(图 2.1)。

（单位：万人）

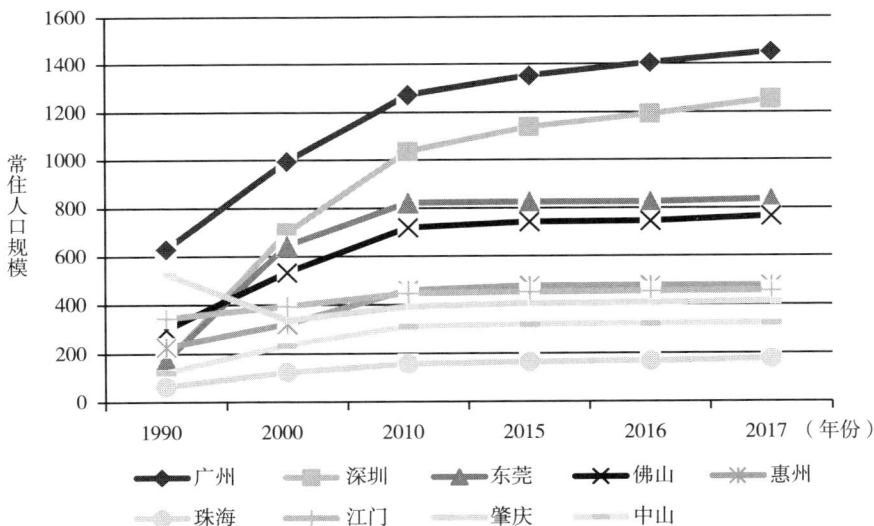

图 2.1　1990—2017 年珠三角九市常住人口规模变化

数据来源：①广东省 1990 年、2000 年、2010 年人口普查资料；②2015 年、2016 年、2017 年各城市国民经济和社会发展统计公报。

2. 2000—2010 年,珠三角城市群人口继续较快增长,但增速有所下降。此期间,珠三角城市群常住人口增加 1324.78 万人,增长了 31%,增速虽比上个十年有所下降,但常住人口增量仍能达到年均 132 万人。深圳和广州常住人口增量仍然领跑九市,占总人口增量分别为 25% 和 21%,但与前十年相比,增量均有所减少,深圳由 1990—2000 年增加 534.14 万人下降到 2000—2010 年增

加 334.96 万人,广州由 1990—2000 年增加 364.21 万人下降到 2000—2010 年增
加 275.95 万人;受国际金融危机的影响,东莞出口制造业受到较大冲击,由此带
来以制造业工人为主的东莞人口增量下降明显,由 1990—2000 年常住人口增加
470.41 万人下降到 2000—2010 年增加 177.44 万人,增量减少了 300 万人;惠州
常住人口增长较快,人口增量占珠三角总人口增量的比重由 5.36% 提高到
10.43%。该阶段,深圳、广州、佛山和东莞仍然是外来人口流入的主要目的地,
四地常住人口增量占珠三角总人口增量的 73%;惠州有赶超东莞之势(图 2.2)。

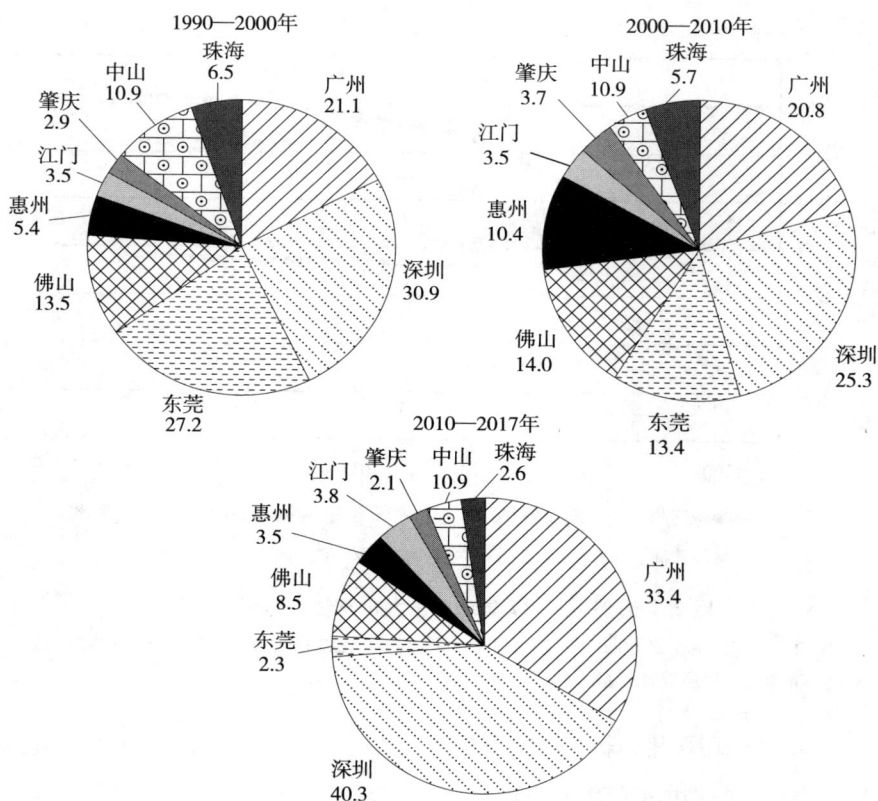

**图 2.2　1990—2000 年、2000—2010 年和 2010—2017 年
珠三角各市常住人口增量占比变化(%)**

数据来源:①广东省 1990 年、2000 年、2010 年人口普查资料;②2015 年、2016 年、2017 年各城市国民经
　　济和社会发展统计公报。

3.2010年后,珠三角城市群人口增速放缓,增量下降明显。2010—2017年,珠三角城市群常住人口增加537.85万人,增长了9.58%,常住人口增量降至年均76万人。此阶段,深圳和广州的人口增长在珠三角城市群中占据绝对优势地位,两地常住人口增量占总人口增量分别为40%和33%,即珠三角人口增量的3/4都集中在深圳和广州(图2.2)。佛山常住人口增量占总人口增量的比重下降至8.54%;东莞人口增量下降幅度最大,2010—2017年的七年间,东莞常住人口仅增加了12.23万人,常住人口增量占珠三角总人口增量的比重下降至2.27%,泯然于众人矣。

4.珠三角城市群近年常住人口增幅在三大城市群中最小。从常住人口规模变动来看,2015年,珠三角城市群常住人口规模为5874万人,比2010年、2000年分别增加262万人和1586万人;长三角城市群常住人口规模为11037万人,比2010年、2000年分别增加274万人和2293万人;京津冀城市群常住人口为8975万人,比2010年、2000年分别增加596万人和1883万人(图2.3)。三大城市群的常住人口均表现为持续增长态势,其中京津冀城市群增幅最大;珠三角城市群常住人口近年增长明显放缓,增幅最小,2010—2015年间增幅不到京津冀城市群的一半。说明近年来,京津冀城市群的人口吸引力增强,常住人口主要集聚于长三角城市群和京津冀城市群,珠三角城市群常住人口增长已是强弩之末。

可见,20世纪90年代以来,珠三角城市群常住人口规模大幅度增加,但增速明显放缓,特别是近年来增幅在三大城市群中最低。从各城市来看,常住人口规模增长从普遍式增长,到集中在深圳、广州、佛山、东莞和惠州等城市,再到近年来的人口聚焦式增长,主要集聚于深圳和广州等超大城市。

(二)流动人口比重逐步提高,与户籍人口基本持平

20世纪90年代以来,珠三角城市群常住人口中户籍人口所占比重快速降低,而外来人口比重明显提高。由图2.4可知,1990—2016年,珠三角城市

（单位：万人）

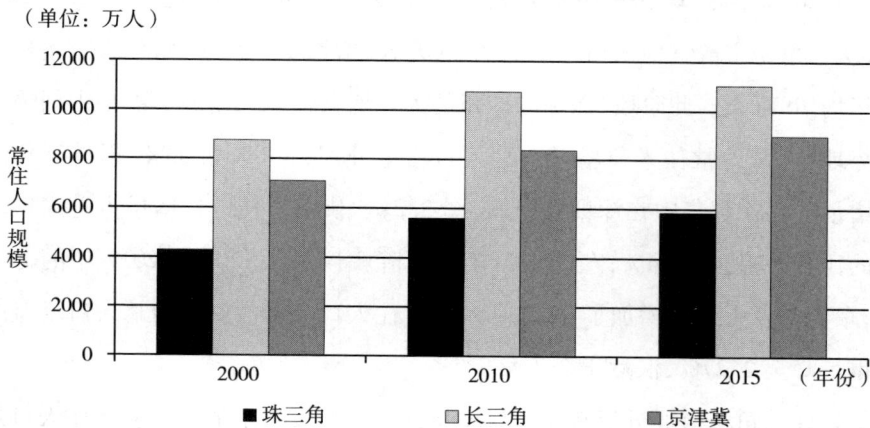

图 2.3　2000—2015 年三大城市群常住人口变化

数据来源：①北京市、天津市、上海市、河北省、江苏省、浙江省和广东省 2000 年、2010 年人口普查资料；
②北京市、天津市、上海市、河北省、江苏省、浙江省和广东省 2015 年 1％人口抽样调查资料。

群户籍人口由 2254 万人增长至 3351 万人，相应地，户籍人口占常住人口比重由 1990 年的 88％大幅度下降到目前的 55％左右；外来人口占常住人口的比重则由 1990 年不足 12％迅速上升到 2000 年近 40％，此后缓慢上升到目前的 45％。

人口流迁带来了珠三角地区常住人口急剧增长。1990—2000 年间，珠三角城市群常住人口增长了 1728 万人，其中 82％是外来人口增长的结果；2000—2010 年间，珠三角城市群常住人口增长了 1325 万人，其中 65％是由外来人口增长引致的；2010—2016 年，珠三角城市群常住人口增长 385 万人，其中由外来人口增长引致的比重下降至 15％，可见，2010 年后，户籍人口增长成为珠三角城市群常住人口增长的主因，这与深圳、广州等地的落户政策逐步放宽有关。

其中，东莞、深圳和中山还出现了人口倒挂（外来人口规模超过户籍人口）的现象。2016 年，东莞、深圳和中山户籍人口所占比重分别为 24.32％、33.63％和 49.92％，均不足半数。尤其是东莞和深圳，户籍人口只占总人口的

（单位：万人）

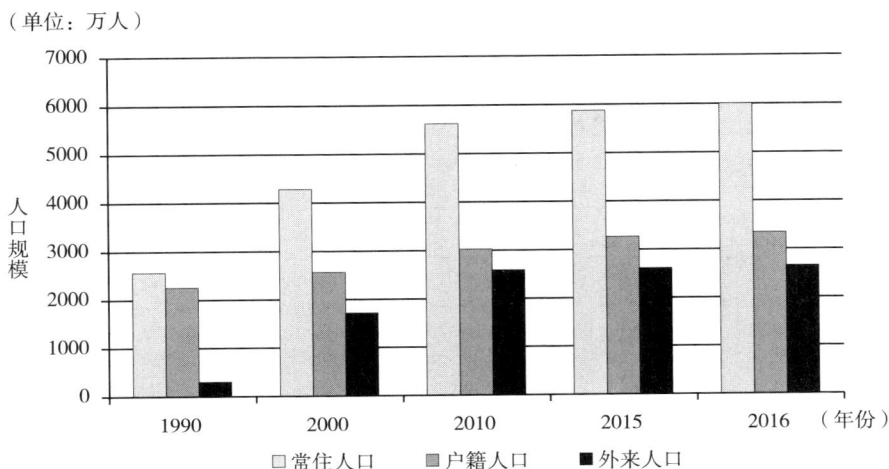

图 2.4　1990—2016 年珠三角城市群常住人口、户籍人口与外来人口数量比较

数据来源：①广东省 1990 年、2000 年、2010 年人口普查资料；②2015 年、2016 年各城市国民经济和社会发展统计公报。

1/4 和 1/3，即东莞外来人口在常住人口中的比重达到 3/4，深圳外来人口在常住人口中的比重达到 2/3（图 2.5）。深圳的人口倒挂现象由来已久，非户籍人口占常住人口比重经历了先升后降的过程，1990 年，深圳非户籍人口占常住人口比重就已经达到了 62%，2000 年该比重更是高达 82%，之后开始下降，2010 年降至 75%，2016 年进一步降至 66%。1990 年，珠三角城市群只有深圳出现人口倒挂现象，2000 年东莞开始出现了人口倒挂，此后非户籍人口占常住人口比重一直维持在 75%—77% 之间。中山于 2010 年后出现人口倒挂现象，非户籍人口略高于户籍人口。

　　可见，20 世纪 90 年代以来，珠三角城市群外来人口大规模增长是常住人口规模增长的主因；2010 年后外来人口主导趋势弱化，户籍人口增长成为常住人口增长的主因。部分城市出现明显的人口倒挂现象，如东莞、深圳和中山，其中东莞人口倒挂现象最明显，目前 4 人中有 3 人是外来人口。

（单位：万人）

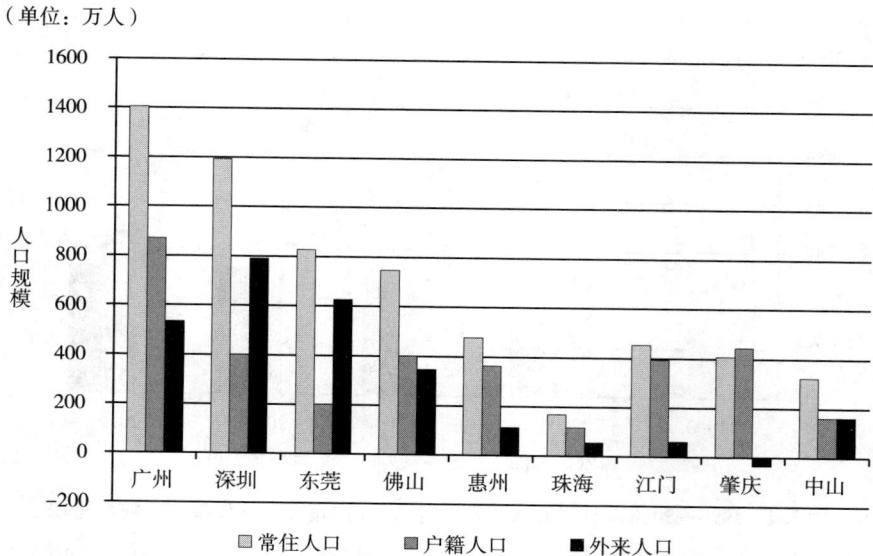

图 2.5　2016 年珠三角城市群户籍人口、外来人口与常住人口数量对比

数据来源：2016 年各城市国民经济和社会发展统计公报。

二、人口流动特征

（一）流动人口经历了井喷式增长后增速放缓，深圳、广州、东莞和佛山是流动人口流入的主要城市

根据历次人口普查数据，珠三角城市群在 1990 年流动人口仅 316.98 万人，到 2000 年突增到 1947.98 万人，增长了 5 倍多，此后增速放缓，至 2010 年，珠三角城市群流动人口总量为 2871.25 万人，比 2000 年增长了 47%。在珠三角城市群中，深圳、广州、东莞和佛山一直是流迁人口规模较多的城市，1990—2010 年间，四个城市流动人口占据了珠三角城市群流动人口总量的 80% 左右。其中，深圳流动人口占比最高，20 年间保持在 30% 左右，说明在珠三角城市群中深圳的人口吸引力最强；广州流动人口占比略有下降，从 1990 年的 20% 下降到 2010 年的 18.87%；东莞后来居上，流动人口占比在 1990 年仅占珠三角九市的 13.8%，2000 年上升到 25%，超过了广州，2010 年保持在

22%,仍然高于广州(图2.6)。结合前面珠三角各市常住人口增量在总人口增量中的占比分析,与东莞常住人口增量占比急剧下降相伴随的是,东莞的外来流动人口占比却持续上升,这也从侧面反映了东莞作为制造工厂,低端制造业比重大,吸引的外来农民工群体只是将东莞作为打工地,定居落户的少。

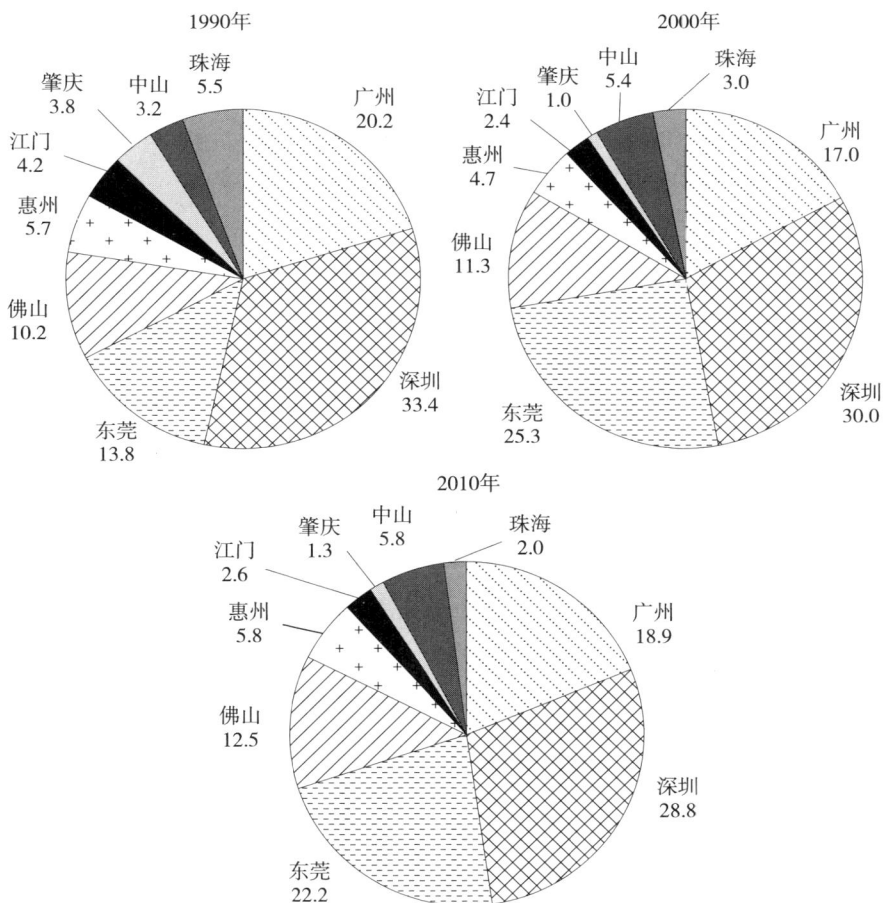

图2.6　1990年、2000年和2010年珠三角各市流动人口在流动人口总量中的占比(%)
数据来源:广东省1990年、2000年、2010年人口普查资料。

(二)跨省流动和乡城流动是流动人口的主要迁移模式

20世纪90年代,珠三角各城市流动人口以省内流入为主,除了东莞和中山由省内、省外流入的各占一半以外,其他城市由省内流入的人口均占流动人口总量的七成左右。时隔十年后的 2000 年,珠三角九市流动人口中由省外流入的比重大大提高,东莞和中山省外流入人口占比超过了八成;深圳、佛山、惠州、江门省外流入人口占比在七成左右;广州和珠海的省外流入人口占比也超过了六成;只有肇庆该比重较低,但是省外流入人口规模也超过了省内流入人口。2010 年,除了广州省外流入人口比重略有降低之外,其他城市流动人口来源于省内和省外的比重基本保持在 2000 年的水平(图 2.7)。可见,改革开放后,在外资的推动下,珠三角制造业迅速崛起,需要规模庞大的产业工人,广东省内部的劳动力资源基本能满足珠三角产业发展需要,只需要从省外吸纳 20%—30%的劳动力即可;随着产业发展壮大,广东省内劳动力资源已不能满足需求,改革开放后的第二个十年,珠三角主要以吸纳省外流动人口补充劳动力缺口,该趋势一直延续至改革开放第三个十年。

（单位：%）

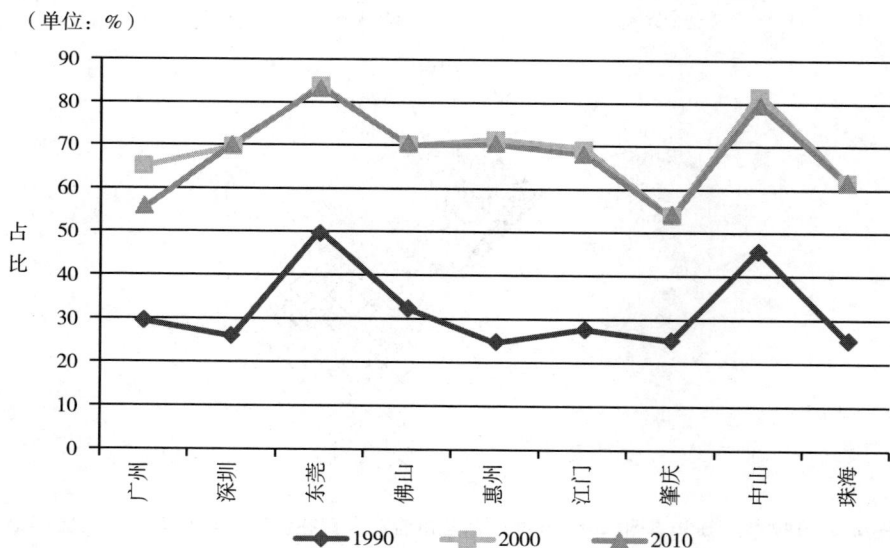

图 2.7 1990 年、2000 年和 2010 年人口普查珠三角各市流动人口中省外流入人口占比
数据来源:广东省 1990 年、2000 年、2010 年人口普查资料。

从流动模式来看(表 2.1),对全部流动人口而言,2010 年珠三角城市群乡城流动人口比重最高,为 68.5%,其次是城城流动人口,比重为 23.9%。与其他两大城市群相比,珠三角城市群的乡城流动人口比重也是最高的,分别高出长三角城市群和京津冀城市群 13 个百分点和 24 个百分点。京津冀城市群城城流动人口比重高于乡城流动人口,城城流动特征在三大城市群中最为显著。在跨省流动人口中,珠三角城市群乡城流动人口占比近八成,显著高于其他流动类型,也高于长三角城市群和京津冀城市群,说明珠三角城市群对农民工的吸引力最强。

表 2.1　2010 年三大城市群流动人口城乡流向分布　　(单位:%)

流向	全部流动人口			跨省流动人口		
	长三角	珠三角	京津冀	长三角	珠三角	京津冀
乡城	55.8	68.5	44.5	67.0	79.2	60.8
乡乡	15.0	6.6	7.7	20.2	7.8	9.4
城城	27.5	23.9	45.9	11.8	12.5	28.6
城乡	1.7	1.0	1.9	1.0	0.5	1.2

数据来源:北京市、天津市、上海市、河北省、江苏省、浙江省和广东省 2010 年人口普查资料。
注:浙江省和广东省第六次人口普查数据中缺乏分城镇、镇和乡的流动人口迁移数据,根据城镇流动人口比重,估算长三角城市群、珠三角城市群流动人口城乡迁移分类。

(三)迁移的经济动因有所下降,随同迁移比例明显上升

1990 年、2000 年和 2010 年人口普查数据显示(图 2.8),务工经商是广东省流迁人口迁移的最主要动因,所占比重由 1990 年的 58.66%上升到 2000 年的 67.92%,2010 年增至近 70%。迁移原因位居第二的是随迁家属,所占比重由 1990 年的 7.7%提高到 2010 年的 11.15%。因工作调动和婚姻迁入的迁移人口所占比重下降较快,均由 1990 年的 7%下降到 2010 年的 2%。1990—2010 年间,学习培训在迁移原因中所占比重基本保持在 5%左右,投亲靠友所占比重保持在 3%左右。2000 年后,增加了拆迁搬家的因素,在迁移原因中占

比4%—7%。可见,以珠三角为核心的广东省吸引外来人口迁移流入的主要
因素还是经济因素,"宜业"是珠三角流迁人口持续增长的根本动力。

（单位：%）

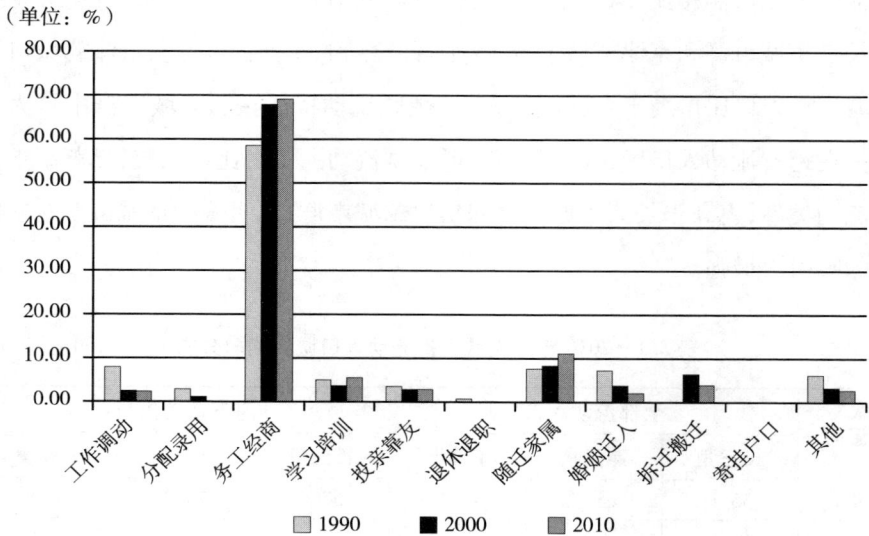

图2.8 1990年、2000年和2010年人口普查广东省人口迁移原因分析

数据来源:广东省1990年、2000年、2010年人口普查资料。

随着外来流迁人口素质的提升和居住稳定性的增强,随迁家属比重逐步
提高。特别是2010年后,珠三角城市群各个城市以工作就业为迁移原因的跨
省流动人口比例均在下降,随同迁移比重则表现为上升(表2.2),表明以经济
目的的迁移动力逐步弱化,流动人口家庭化趋势明显。

表2.2 珠三角城市群跨省流动人口的流动原因分布 （单位:%）

年份 原因 城市	2010					2015		
	务工经商	随迁家属	投亲靠友	工作调动	学习培训	工作调动	随同迁移	学习培训
广州	82.2	4.1	2.2	3.1	1.9	79.5	12.2	2.6
深圳	87.4	4.3	3.4	1.9	0.9	80.1	8.4	3.2
东莞	90.9	4.8	1.1	1.5	0.6	84.8	8.4	3.3
佛山	86.5	7.3	1.9	1.5	0.8	84.3	11.1	1.8

续表

城市 \ 原因 \ 年份	2010					2015		
	务工经商	随迁家属	投亲靠友	工作调动	学习培训	工作调动	随同迁移	学习培训
江门	77.6	13.9	1.4	1.1	1.2	71.2	19.3	3.1
肇庆	79.4	9.2	1.8	2.3	2.1	66.7	25.6	1.7
惠州	81.4	11.8	1.5	1.8	0.9	75.1	17.2	1.9
中山	87.5	6.9	1.2	1.7	0.9	81.3	12.6	2.4
珠海	80.0	8.4	3.9	3.0	2.9	71.4	17.8	3.9

数据来源：①广东省 2010 年人口普查资料；②《2015 年广东省 1% 人口抽样调查资料》。

（四）流迁人口职业分布变化体现了经济产业结构的优化

广州和深圳两个超大城市从事生产运输设备操作的跨省流动人口比例明显低于东莞、佛山等特大城市,也低于惠州、中山等大城市;从事商业、服务业和专业技术岗位的流动人口比例普遍高于其他大城市(表 2.3)。与 2000 年相比,珠三角城市群大部分城市从事生产运输设备行业的跨省流动人口比例明显下降,商业、服务业和专业技术岗位的比例明显上升,只有江门、肇庆和珠海从事生产运输设备行业的跨省流动人口比例略有上升。说明珠三角城市群经济产业结构不断优化,逐渐由第二产业向第三产业转换,流动人口职业分布也随之向商业、服务业等转换。

表 2.3　珠三角城市群跨省流动人口的主要职业分布　　（单位:%）

城市 \ 职业分布 \ 年份	2000				2010			
	生产运输设备操作	商业、服务业	办事人员	专业技术	生产运输设备操作	商业、服务业	办事人员	专业技术
广州	67.3	19.6	4.5	4.1	53.9	29.6	6.1	5.37
深圳	74.8	13.9	5.5	3.8	58.0	23.9	8.6	6.9
东莞	82.5	9.4	5.1	1.4	56.0	26.8	6.8	6.6
佛山	78.8	12.4	2.9	2.1	70.3	18.2	4.4	3.5
江门	68.4	13.4	1.5	2.4	72.5	14.8	3.2	2.8

续表

年份 职业 分布 城市	2000				2010			
	生产运输 设备操作	商业、 服务业	办事人员	专业技术	生产运输 设备操作	商业、 服务业	办事人员	专业技术
肇庆	68.9	13.3	3.4	4.1	73.0	15.0	5.0	3.0
惠州	78.2	9.2	3.4	2.1	68.6	16.7	6.2	3.6
中山	82.8	9.9	2.2	2.3	71.6	15.6	6.8	3.4
珠海	65.2	18.8	5.2	5.4	71.3	15.0	5.6	4.1

数据来源:广东省 2000 年、2010 年人口普查资料。

三、人口城市化现状

(一)珠三角城市群城市化水平居三大城市群之首

21 世纪以来,珠三角城市群人口城市化水平明显高于长三角城市群和京津冀城市群。在三大城市群中,珠三角城市群人口城市化水平最高,其次是长三角城市群,最低的是京津冀城市群(图 2.9)。

(单位: %)

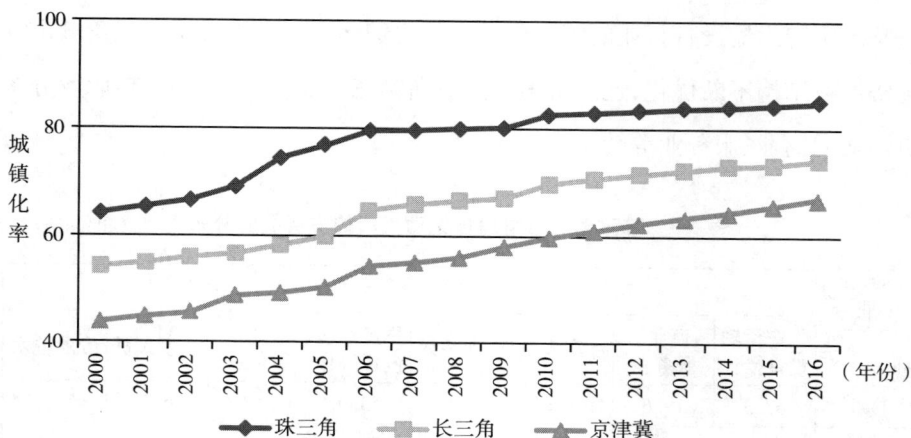

图 2.9　2000—2016 年三大城市群城镇化率变化

数据来源:2000—2017 年各城市统计年鉴和各省的统计年鉴。

注:城市群城镇化率=各个城市的城镇人口之和/城市的常住人口之和×100%。

2016 年,珠三角城市群城市化水平(平均城镇化率高达 84.88%)居三大城市群之首,长三角城市群 16 市平均城镇化率为 74.18%,京津冀城市群 10 市平均城镇化率只有 67.13%,珠三角城市群城市化水平高出长三角城市群 10 个百分点,高出京津冀城市群近 18 个百分点(表 2.4)。城镇化率最高的城市也分布在珠三角城市群,深圳城镇化率高达 100%,居全国首位;佛山城镇化率接近 95%,排在全国第三位;东莞、珠海和中山城镇化率均超过了 88%,高于长三角城市群城镇化率最高值上海(87.6%)和京津冀城市群城镇化率最高值北京(86.5%)。

表 2.4　2016 年三大城市群城市化水平　　　　　(单位:%)

珠三角		长三角		京津冀	
广州	86.06	上海	87.6	北京	86.50
深圳	100	南京	82	天津	82.93
东莞	89.14	杭州	76.2	石家庄	59.96
佛山	94.95	苏州	75.5	唐山	60.41
惠州	69.05	宁波	71.9	保定	49.03
珠海	88.80	无锡	75.8	秦皇岛	56.13
江门	65.06	常州	71	张家口	54.19
中山	88.20	南通	64.4	沧州	48.56
肇庆	46.08	绍兴	64.3	承德	49
—		扬州	64.4	廊坊	56.80
—		台州	62.2	—	
—		泰州	63.2	—	
—		嘉兴	62.9	—	
—		湖州	62.9	—	
—		镇江	69.2	—	
—		舟山	67.5	—	
平均值	84.88		74.18		67.13

数据来源:三大城市群各城市 2016 年国民经济和社会发展统计公报。

（二）珠三角城市群城市化增速 2010 年后放缓

由于城镇化率数据缺失,本章只统计了 2000 年后珠三角的城镇化率变化情况。由表 2.5 可知,珠三角城市群平均城市化水平 2000 年已经高达 69.49%,超过了京津冀城市群 2016 年的平均水平,2005 年上升到 77.24%,2010 年达到 82.72%,即 2000—2010 年的十年间,珠三角城市化水平年均增长 1%,此后,城镇化率增速放缓,2010—2017 年,珠三角城市化水平从 82.72%增长到 85.3%,七年间仅增长了不足 3 个百分点。其中,佛山、东莞和中山在 2000—2010 年间城镇化率增长幅度最大,在 15—30 个百分点之间;深圳、佛山、东莞、珠海和中山在 2010 年后城镇化率几乎没有变化或上涨幅度非常小,广州、惠州、江门和肇庆 2010 年后城镇化率增幅稍高,约 3—7 个百分点。

表 2.5　2000—2017 年珠三角各市城市化水平

年份 城市	2000	2005	2010	2011	2012	2013	2014	2015	2016	2017
广州	83.79	91.51	83.78	84.13	85.02	85.27	85.43	85.53	86.06	86.14
深圳	92.46	100	100	100	100	100	100	100	100	100
东莞	60.04	73.02	88.46	88.60	88.67	88.75	88.81	88.82	89.14	89.86
佛山	75.06	78.39	94.09	94.86	94.87	94.88	94.89	94.94	94.95	94.96
惠州	51.66	55.01	61.84	62.19	63.90	66	67	68.15	69.05	69.05
珠海	85.48	87.90	87.65	87.80	87.82	87.85	87.87	88.07	88.80	89.37
江门	47.08	56.78	62.30	62.80	63.20	64.10	64.20	64.84	65.06	65.81
肇庆	32.52	38.99	42.39	42.45	42.62	43.82	44.01	45.16	46.08	46.78
中山	60.67	74.29	87.82	87.87	87.92	88	88.07	88.12	88.20	88.28
珠三角 城市群	69.49	77.24	82.72	—	—	—	—	84.41	84.88	85.30

数据来源:珠三角城市群各市历年国民经济和社会发展统计公报及统计年鉴。

注:其中惠州 2017 年的数据缺失,用 2016 年数据代替。

（三）珠三角城市群城市化水平市际差异较大

珠三角城市群中城市化水平居于第一梯队的深圳、佛山、东莞、珠海、中山和广州,其城镇化率均在 85% 以上。深圳在 2000 年城镇化率就达到了 92.46%,2004 年起,深圳全面实现农村城市化,城镇化率率先达到 100%,居全国第一。紧随其后的是佛山,2010 年前,佛山城镇化率还低于 80%,2010 年迅速增加到 94.09%,此后缓慢增长到 2017 年的 94.96%,居全国第三。珠三角城镇化率排在第三名的是东莞,东莞也是城镇化率增长速度最快的城市,尤其是 2000—2010 年间,东莞的城镇化率从 2000 年的 60% 猛增至 2005 年的 73% 和 2010 年的 88%,十年间增长了 28 个百分点,2010 年后城镇化速度减缓,2017 年东莞的城镇化率接近 90%。中山的城市化发展轨迹与东莞高度重合,只是城镇化率略低于东莞近一个百分点。珠海城市化水平起点较高,发展平稳,2000 年珠海的城镇化率就已经达到了 85.48%,仅次于深圳,此后一直平稳增长,2017 年达到 89.37%。广州的城市化水平一直略低于珠海。

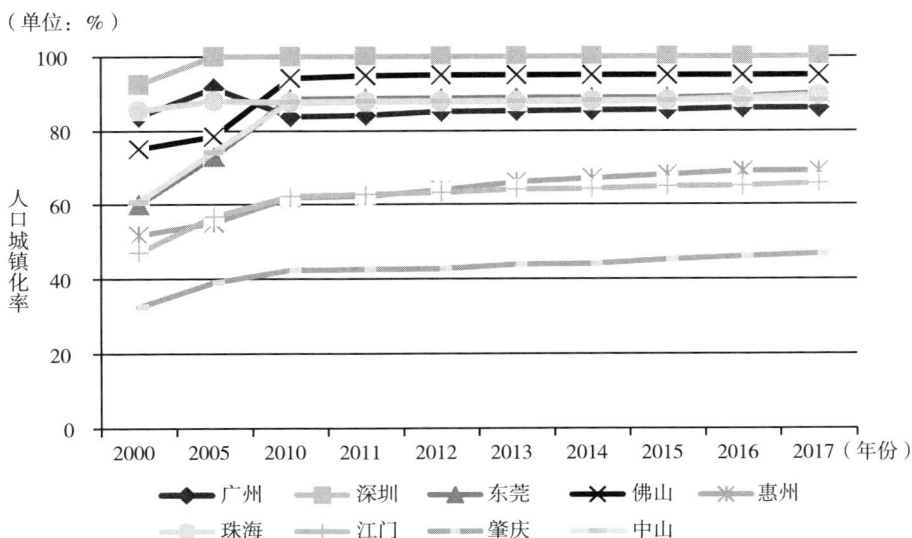

图 2.10 2000—2017 年珠三角各市人口城镇化率变动

数据来源:根据表 2.5 绘制。

惠州和江门的城市化水平在珠三角城市群中属于第二梯队,城镇化率不足70%,分别从2000年的51.66%和47.08%缓慢增长到2017年的69.05%和65.81%。

珠三角城市群中城市化水平最低的是肇庆,2017年城镇化率不足50%,而且城镇化率增长速度较慢,2000—2017年的17年间,肇庆的城镇化率只增长了14个百分点。

第二节 珠三角城市群人口城市化的问题分析

一、"双核"与"发展不足"并存,辐射带动作用发挥不足

珠三角城市群呈现明显的广州、深圳两个超大城市双核、中小城市发展不足现象,双核城市对周围城市发展辐射能力有限。从经济总量来看,深圳和广州GDP都超过了2万亿元,遥遥领先珠三角城市群其他城市,2017年,深圳GDP首次超过广州,达到22438亿元,广州为21503亿元;其他7个城市GDP总量均低于1万亿元,其中佛山排在第三位,接近万亿元,东莞超过7500亿元;余下5个城市GDP均不足4000亿元,肇庆最低,仅2200亿元;深圳和广州的GDP是肇庆的10倍左右。从人均经济总量来看,深圳和广州仍属于第一梯队,深圳优势更明显,人均GDP达到2.71万美元,高出广州近5000美元;珠海虽然GDP总量排在珠三角城市群倒数第二位,但由于人口规模小,人均GDP高达2.21万美元,排在第三位;江门和肇庆的人均GDP不足1万美元,肇庆最低,仅7950美元;深圳和广州的人均GDP是肇庆的3倍左右(图2.11)。虽然深圳和广州的经济总量和人口规模在珠三角城市群中处于核心地位,但是并没有充分发挥对周边城市(如惠州等)的辐射带动作用。

二、城市化水平两极分化严重,与城市规模等级不匹配

从城市群内部结构来看,珠三角城市群九个城市的城镇化率两极分化严

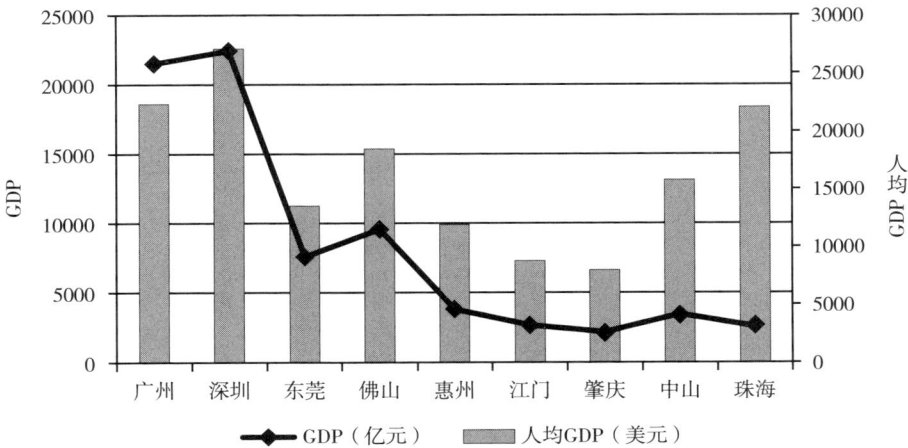

图 2.11 2017 年珠三角城市群各城市 GDP 及人均 GDP 比较

数据来源：珠三角城市群各市 2017 年国民经济和社会发展统计公报。

重,三大城市群城镇化率的最高值和最低值都集中在珠三角城市群。深圳和佛山的城镇化率在 90% 以上,东莞、珠海、中山和广州城镇化率也超过了 85%,但肇庆的城镇化率只有 46%,是三大城市群中所有城市最低值,深圳与肇庆的城镇化率差值高达 54 个百分点。长三角城市群 16 市城镇化率差异最小,分布比较均衡,除了上海和南京的城镇化率超过了 80%,其余 14 个城市城镇化率都分布在 60%—80% 之间。京津冀城市群唯北京和天津独大,两市的城镇化率在 80% 以上,其余 8 市基本都分布在 50%—60% 之间,城镇化率最高的北京和最低的沧州之间相差 38 个百分点。

从城镇化率与城市规模等级的关系来看,长三角城市群和京津冀城市群基本都遵循着正向关系,即常住人口规模越大的城市其城镇化率越高,而珠三角城市群这一关系不显著。其中有几个异常点,如广州虽然是珠三角城市群中常住人口总量最多的超大城市,但其城镇化率在九个城市中仅排第六位;佛山常住人口规模仅居珠三角城市群第四位,但其城镇化率高达 94.95%,位列珠三角城市群第二、全国第三;珠海和中山的常住人口规模在珠三角城市群垫底,但其城镇化率都超过了88%,甚至高于超大城市广州的城镇化率。

三、产城协调性较弱,个别城市严重失调

从时间维度来看,2000—2016 年,珠三角城市群整体城镇化率与第三产业占 GDP 比重变化趋势基本相同,呈现逐渐上升的态势;2000—2010 年间,珠三角城市群第二产业占 GDP 比重略有上升,2010 年后,二产比重逐渐下降,开始与城镇化率呈反向变动(图 2.12)。从长周期来看,珠三角城市群城市化水平的提高与产业结构升级方向一致。

（单位：%）

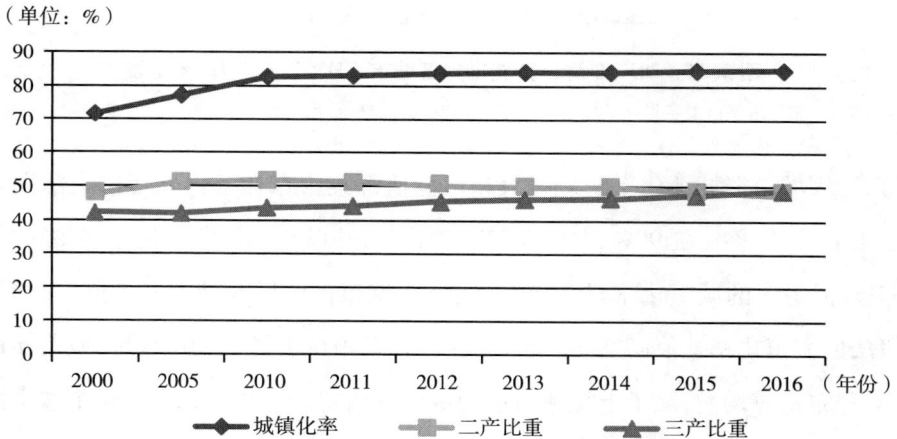

图 2.12　2000—2016 年珠三角城市群城镇化率及第二、第三产业比重变化

数据来源:根据珠三角城市群各城市历年国民经济和社会发展统计公报及统计年鉴整理而得。

以 2016 年为时间节点,比较分析三大城市群内部城市化水平与产业结构升级的关系。由图 2.13、图 2.14 可见,长三角城市群和京津冀城市群不同规模层级的城市城镇化率与第三产业占 GDP 比重变化趋势基本相同,与第二产业占 GDP 比重则呈反向变动趋势,即三产比重越高(或二产比重越低)的城市其城镇化率越高,反之亦然。其中,特大城市中出现了个别产业结构与城镇化率不协调的城市,如京津冀城市群中的唐山,城镇化率高出同等三产比重城市保定和承德约 10 个百分点;而长三角城市群中的杭州和南通,城镇化率却

低于同等三产比重城市。

（单位：%）

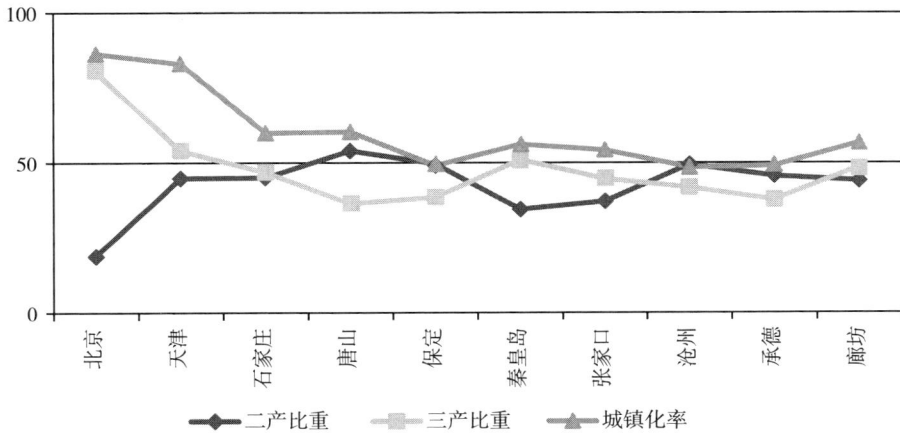

图 2.13　2016 年京津冀城市群各城市城镇化率及第二、第三产业比重

数据来源：根据京津冀城市群各城市 2016 年国民经济和社会发展统计公报及统计年鉴整理而得。

（单位：%）

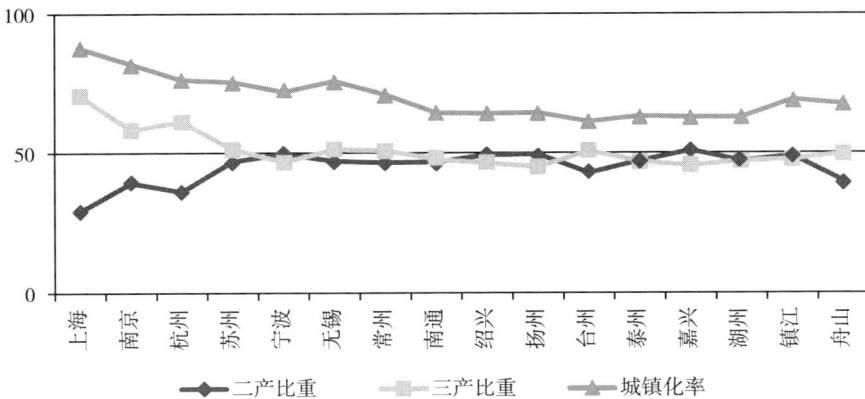

图 2.14　2016 年长三角城市群各城市城镇化率及第二、第三产业比重

数据来源：根据长三角城市群各城市 2016 年国民经济和社会发展统计公报及统计年鉴整理而得。

　　珠三角城市群各城市城镇化率与三产比重相关趋势不明显（图 2.15）。出现个别严重不协调的城市，如佛山城镇化率高达 94.95%，但三产比重不足

40%;珠海和中山的三产比重也远低于同等城镇化率的广州和东莞。从产业结构比较来看,在珠三角九市中,广州、深圳、东莞和珠海的三产比重高于二产比重,其中广州差值最大,三产比重高出二产比重近 40 个百分点,深圳该差值为 21 个百分点,东莞该差值近 7 个百分点,珠海第二、第三产业比重基本持平。其余 5 个城市的二产比重均高于三产比重,佛山差值最大,二产比重高出三产比重 20 个百分点,惠州和肇庆该差值也达到 12 个百分点左右。肇庆一产比重达到了 15%,江门一产比重接近 8%,其余 7 个城市一产比重均不足5%。可见,珠三角城市群城市化持续发展的产业升级压力较大。

（单位：%）

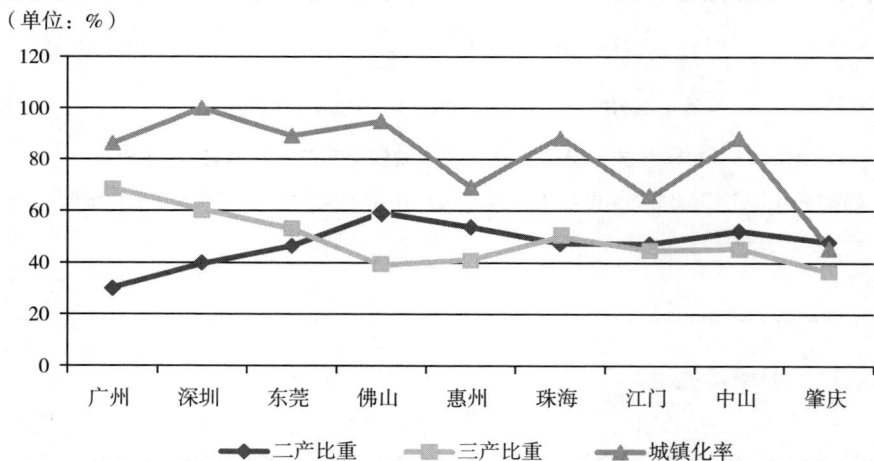

图 2.15　2016 年珠三角城市群各城市城镇化率及第二、第三产业比重

数据来源:根据珠三角城市群各城市 2016 年国民经济和社会发展统计公报及统计年鉴整理而得。

四、流动人口家庭化比例低,城镇化质量有待提升

虽然近年来,包括珠三角城市群在内的三大城市群以经济为目的的流动明显弱化,以随迁家属为迁移原因的跨省流动人口比例均有所提升,但珠三角城市群跨省流动人口家庭化趋势在三大城市群中最弱。2010 年,珠三角城市群跨省流动人口随迁家属的比重为 5.8%,而同期长三角城市群和京津冀城市群随迁家属的比重均在 8% 以上;2015 年,珠三角城市群随同迁移比重上升

到 10.6%,而同期长三角城市群比重上升到 12%,京津冀城市群更是高达 14.6%,高出珠三角城市群 4 个百分点(表 2.6)。

表 2.6　三大城市群跨省流动人口的迁移原因分布　　（单位:%）

迁移原因	2010 年			迁移原因	2015 年		
	长三角	珠三角	京津冀		长三角	珠三角	京津冀
务工经商	80.5	86.9	72.7	工作就业	78.0	81.1	67.9
随迁家属	8.4	5.8	8.1	随同迁移	12.0	10.6	14.6
学习培训	2.0	1.0	4.9	学习培训	3.9	2.9	9.6
婚姻迁入	1.8	0.4	3.0	婚姻迁入	1.7	0.6	3.0
投亲靠友	3.6	2.2	4.0	改善住房	0.6	0.4	0.9
工作调动	1.5	1.9	3.5	为子女就学	0.3	0.2	0.5
寄挂户口	0.1	0.0	0.3	寄挂户口	0.1	0.0	0.2
拆迁搬迁	0.8	0.3	0.9	拆迁搬迁	0.1	0.0	0.4
其他	1.3	1.5	2.6	其他	3.3	4.3	2.9

数据来源:①北京市、天津市、上海市、河北省、江苏省、浙江省和广东省 2010 年人口普查资料;②北京市、天津市、上海市、河北省、江苏省、浙江省和广东省 2015 年 1%人口抽样调查资料。

　　珠三角城市群中超大城市和特大城市的流动人口随同迁移比重最低。2010 年,广州、深圳和东莞的流动人口随同迁移比重(均低于 5%)低于珠三角城市群平均水平(5.8%);2015 年,广州的流动人口随同迁移比重提高了 8 个百分点,达到 12.2%,而深圳和东莞的随同迁移比重只提高了 4 个百分点(8.4%),仍然低于珠三角城市群平均值(10.6%)。

　　随同迁移家庭化趋势较弱部分反映了珠三角城市群流动人口的稳定性不高,特别对于深圳和东莞这样人口倒挂现象严重的城市,较低的随迁比重影响了城镇化质量的进一步提升。

第三节 促进珠三角城市群人口城市化的对策

一、强化城市群发展思维,增强人口吸引力

城市群人口发展是系统的、协作分工的。进一步强化城市群发展思维,放眼于以特大城市为发展核心、中小城市为发展圈层的城市群格局。正确处理好城市群中的特大城市与中小城市的关系,挖掘和打造中小城市的特色,重点增强中小城市的人口吸引力和承载能力,形成优势互补、良性互动、协同发展的格局。人口发展不仅是人口空间优化,还是人口素质结构的优化,比如深圳的人口发展,要结合自身在自主培养人才能力薄弱方面的特点,更加注重各类人才的引入,推动城市科技创新能力提升,实现城市的均衡协调发展。

二、推动城市群内创新、产业合理分工,引导人口有序流动

打造知识创新—科技、产业创新—集成应用创新的梯度创新圈,以科技创新、产业发展为动力优化人口空间分布。积极开展与港澳地区的科技创新、产业合作,推动粤港澳大湾区建设。进一步扩大"研发在深圳、生产制造及物流仓储在东莞和惠州"的产业转移模式范围,利用深圳和广州产业升级带来的产业转移契机,带动珠三角城市群内惠州、江门、肇庆等相对落后地区的发展。同时,惠州、江门、肇庆等地应在基础设施建设、产业链的构建和完善上下功夫,为承接产业转移做好充分准备。

三、产业结构调整升级,提升产城融合水平

城市群的发展经验说明,城市群中各个城市的人口城市化水平与产业结构存在显著关联,人口城市化水平越高的城市,它的产业结构偏向于更高级,即城市群内产业结构调整升级和合理分工是推动人口城市化发展的动力机

制,提高了劳动力在产业间、城市间的配置效率。佛山、惠州第三产业比重均在40%左右,远低于第二产业比重;佛山、珠海、中山的三产比重远低于珠三角城市群内同等城镇化率的其他城市。产业结构调整升级是确保佛山、惠州、珠海、中山城市化水平持续提高的必由之路。通过大力发展第三产业尤其是现代服务业,增强佛山、惠州等地的人口吸引力和吸纳能力,提升城市规模水平,从而有助于珠三角城市群人口量级的提升。

四、大力推进社会融合,提高城市群的城市发展质量

珠三角城市群个别城市人口倒挂现象明显,且流动人口随同迁移比重低于京津冀城市群和长三角城市群,加剧了珠三角城市群人口的不稳定性。重点推进深圳和东莞的社会融合。作为超大城市和特大城市,深圳和东莞的人口倒挂现象最为严重,外来人口规模远远超出户籍人口,且两个城市流动人口随迁比重均低于珠三角城市群平均值,人口稳定性较差。加快推进零门槛的户籍改革,促进流动人口落户,增强人口发展的稳定性,发挥流入人口的生产消费作用。

第三章　深圳市人口空间分布
及其优化路径

　　导言：建市 40 余年来,深圳人口规模快速增长并成为国内少数的超大城市之一。利用人口数据资料分析发现,深圳人口主要向核心区及广深轴线上不断集聚,"向东"发展态势明显;核心区人口老龄化程度较高、受教育水平较高、流动人口集聚程度有所下降,高层次人才主要集聚于此,而边缘城区的人口年龄结构较年轻、受教育水平较低、流动人口集聚程度提升。深圳人口规模调控的气息是最轻的,但十分注重人口结构优化,如推进城市多中心建设、推动交通和基本公共服务配套向边缘城区延伸发展,促进外来人口融入本地,强化高端人才吸引等。最后提出促进形成与率先建设中国特色社会主义先行示范区相匹配的人口空间分布的建议。

　　深圳是伴随着改革开放的春风诞生的。1980 年,深圳设立经济特区,位于广东省南部沿海,南隔深圳河与香港毗连,行政区划面积为 1997.27 平方公里。建市 40 余年来,深圳由边陲小镇发展成为如今的国际化大都市,由发展初期各类优惠政策催动的深圳速度逐渐转向注重效益和质量的发展。1979—2018 年,经济总量由 1.9 亿元增长至 2.4 万亿元,年均增长超过 20%。

　　改革开放以来,我国经济社会快速发展,大量人口由农村向城镇流动迁移。这些人口多数流向了东部沿海地区,尤其是经济社会发展水平较高的城市,从而形成了一批人口规模十分庞大的城市。伴随着经济突飞猛进,深圳成为我国流动人口的主要流向地,人口规模快速增长。短短40年时间,深圳常住人口(居住6个月及以上的人口)规模由1979年的31.4万人增长至2018年的1302.6万人,实际管理人口规模已达2000万人,发展成为国内少数的超大城市之一。当前,深圳市人口发展呈现快速增长、明显的非均衡特征,这也导致了交通拥挤、房价高企、职住分离、环境污染等"大城市病"的出现,并给深圳市人口有序发展、营造宜居宜业环境带来巨大压力。人口作为影响经济社会发展的慢变量,对城市可持续发展具有深远影响。相比北京、上海等超大城市,对于深圳人口空间分布的研究较少。戴筱顿、晁恒(2013)分析了深圳人口空间分布状况,发现深圳市东部地区均为低度聚集区,而西部地区则低、中、高三级聚集程度交错分布。

在粤港澳大湾区发展、科技创新、人才政策等综合影响下,深圳作为超大城市,迫切需要研究它的人口发展态势、空间变动状况、所处阶段等规律,梳理当前深圳人口空间分布优化实践,思考与率先建设中国特色社会主义先行示范区相匹配的人口空间分布条件,提出优化人口空间分布的发展路径建议。

第一节　深圳市人口规模变动态势

纵观纽约、伦敦、巴黎、东京国外超大城市(王桂新,2016),以及国内北京、上海等超大城市(翟振武等,2007;王桂新、沈续雷,2008),人口规模增长是最明显的特征,它成为城市人口发展的基本规律。深圳也不例外,下面将从常住人口、户籍人口和流动人口等方面来分析人口规模变动态势。

一、人口规模快速增长是深圳人口发展基本态势

纵观40年的人口发展历程,深圳是国内人口规模增长最大、增速最快的

城市(图3.1)。改革开放初期,深圳是一个小渔村,常住人口规模仅为30余万人。尽管改革开放初期有诸多限制性制度,但深圳率先探索实行暂住证、外来人口管理服务等政策,在相当大的程度上破除人口流入的制度障碍,常住人口1987年突破100万人。伴随着改革开放的探索和不断深入、社会主义市场经济体制建立和不断完善,吸引外资规模不断增长,"三来一补"外贸加工企业纷纷设立,工业制造业和民营经济取得巨大发展,对外来人口的吸引力持续强劲,促使深圳在20世纪90年代人口集聚呈现加速态势,常住人口1990年为167.78万人,2000年增长至701.24万人,年均增长近50万人,相当于每年新增了中部一个中等县的人口规模。进入新世纪以来,在深圳经济总体向好的吸引下,人口继续快速增长,2010年达到1037.2万人,首度突破千万。

"十二五"以来,随着产业转型升级压力不断增大、人口流动分化日益显著,深圳常住人口增速表现出放缓态势。然而,近些年深圳高度重视人口人才发展战略,频繁出台力度空前的人才政策措施,常住人口规模呈现加速增长势头。2015—2018年,常住人口规模分别为1137.9万人、1190.8万人、1252.8万人、1302.7万人,年均增长幅度约50万人。2018年,深圳常住人口达到建市初期的39倍。

深圳市户籍人口规模也表现为持续增长(图3.1)。1979年,深圳建市时户籍人口规模仅为31.3万人,1996年达到100万人,2000年以后开始加速增长,2007年达到200万人,2013年达到300万人,2017年突破400万人,户籍人口每增加100万人所需要的时间不断缩短,由300万人增加至400万人仅花了4年时间,2018年户籍人口规模是1979年的14.5倍。近年来,在新型城镇化的背景下,深圳市积极推进户籍制度改革,大力吸引高学历人才、技能型人才,十分重视流动人口市民化工作,努力推进流动人口落户。2015年以来,深圳市户籍人口快速增长,年均增长超过25万人。

（单位：万人）

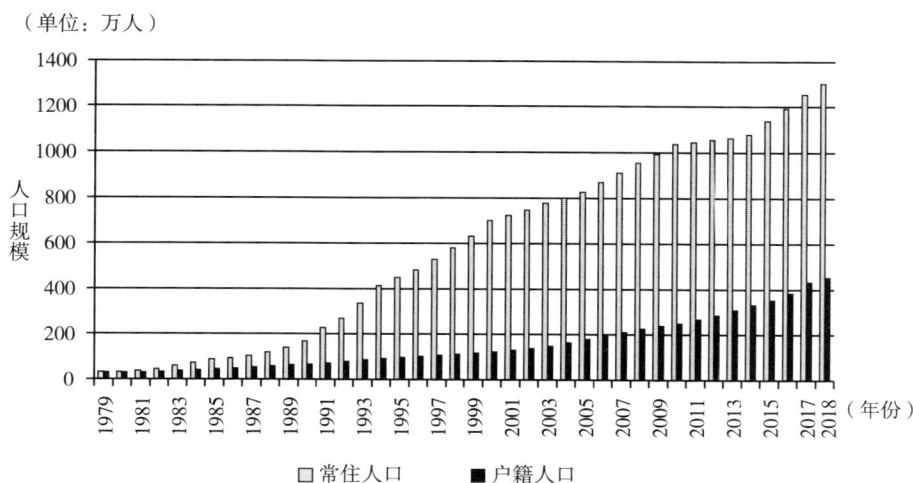

图 3.1　1979—2018 年深圳常住人口、户籍人口规模变化

数据来源：①《深圳统计年鉴 2018》；②深圳市 2018 年国民经济和社会发展统计公报。

二、流动人口规模总体快速增长，比重呈现"倒 U"型态势，且仍是比重最大的城市

随着快速的人口转变完成，深圳的人口增长主要来源于大规模的人口迁移流入（图 3.2）。1979 年流动人口规模仅为 0.15 万人，经历了 20 世纪 80 年代逐渐增长后，1990 年达到 99 万人。20 世纪 90 年代以来，得益于建立社会主义市场经济体制，以经济为目的的流动人口规模快速壮大，流动人口规模于 1993 年达到 300 万人，1999 年达到 500 万人，2000 年达到 576.3 万人，1990—2000 年间年均增长 47.7 万人。进入新世纪之后，深圳市人口流入依然频繁，2002 年超过 600 万人，2008 年超过 700 万人，2010 年达到 786.2 万人。进入"十二五"以来，深圳流动人口规模有所下降，近年来又呈现反弹态势，2016 年超过 800 万人，2018 年达到 848 万人。

深圳是改革开放的前沿阵地，市场力量形成壮大早于国内其他超大城市，以就业收入为目的的人口快速集聚于此。与北京、上海等其他超大城市

相比,流动人口规模庞大、占比高是深圳人口发展的突出特点。从流动人口比重来看(图 3.2),深圳市流动人口是人口的重要组成部分。深圳市流动人口比重呈现明显的"倒 U"型曲线特征。1983 年,流动人口占常住人口比重超过 30%,1990 年超过 60%,意味着深圳在 20 世纪 90 年代初 60% 的人口均来自深圳之外的城市或农村,人口大量涌入是当时人口发展的真实写照。2000 年,该比重达到最高,为 82.2%,随后缓慢下降,2018 年为 65%。

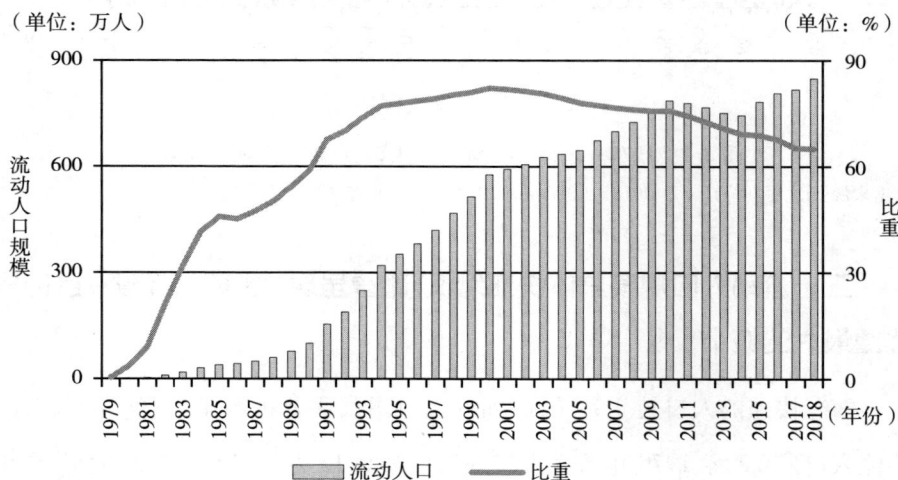

图 3.2　1979—2018 年深圳流动人口规模及其比重变化

数据来源:①《深圳统计年鉴 2018》;②深圳市 2018 年国民经济和社会发展统计公报。
注:流动人口比重=流动人口规模/常住人口规模×100%。

比较北京、上海、深圳流动人口比重变化,发现深圳与北京、上海的流动人口比重变化态势有明显差异(图 3.3)。长期来看,深圳流动人口比重表现为先提高后下降,北京近年出现了缓慢下降的态势,上海仍处于高位平台期。另外,深圳流动人口比重明显高于北京和上海,足以说明深圳是一座典型的移民城市,流动人口比重最高,3 个常住人口中就有 2 个是流动人口。

（单位：%）

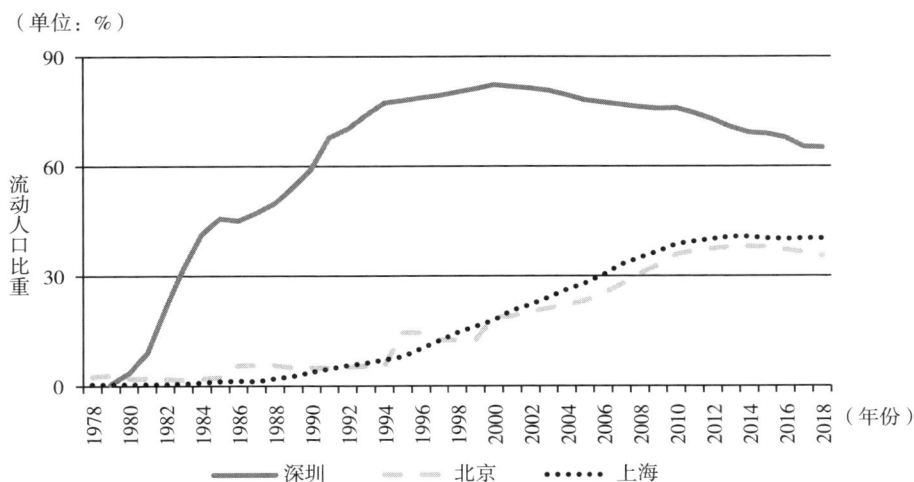

图 3.3　1978—2018 年北京、上海和深圳流动人口比重变化

数据来源：①《北京统计年鉴 2019》；②《上海统计年鉴 2019》；③《深圳统计年鉴 2019》。
注：根据常住人口与流动人口数据计算而得。

第二节　深圳市人口空间分布特征

　　超大城市人口发展态势不仅表现在常住人口、户籍人口和流动人口的规模变化，更需要深入分析人口空间分布特征，促进掌握超大城市人口空间变动规律。利用年度统计资料和人口普查资料等，从人口空间分布的角度，试图全面分析深圳的人口规模分布、年龄分布、素质分布和流动人口分布。

一、人口主要向核心区及广深轴线上不断集聚，"向东"发展态势明显

　　深圳各区常住人口规模均表现为增长态势，人口增量主要集中于福田区、南山区和宝安区等核心区和深圳西部地区。新世纪以来，深圳常住人口规模持续增长。从常住人口规模变动来看，福田区、南山区等区人口增幅较大（表

3.1）。2000—2017 年,福田区常住人口规模由 77.48 万人增长至 156.12 万人,增长约 78.64 万人,是增幅最大的区域;南山区常住人口规模由 72.21 万人增长至 142.46 万人,增长约 70.25 万人。从各区常住人口比重来看,福田区、南山区常住人口比重呈现明显增长态势。受宝安区部分街道新设为光明新区和龙华区影响,宝安区常住人口规模比重最大、变化最大,2000—2017 年间由 39.02% 下降至 25.29%,同样龙岗区也表现出类似的变化趋势。总体而言,深圳各区常住人口规模均表现为增长态势,原特区内人口集聚态势强于原特区外,人口向福田区、南山区、宝安区等核心区及广深轴线上不断集聚,人口"向东"发展态势明显。

表 3.1　深圳市各区常住人口规模及比重

全市/区	常住人口规模（万人）			比重（%）		
	2000 年	2010 年	2017 年	2000 年	2010 年	2017 年
全　市	700.88	1037.20	1245.27	100.00	100.00	100.00
原特区内	255.88	354.26	425.02	36.51	34.16	34.13
福田区	77.48	131.96	156.12	11.05	12.72	12.54
罗湖区	90.96	92.45	102.72	12.98	8.91	8.25
盐田区	15.23	20.91	23.72	2.17	2.02	1.90
南山区	72.21	108.94	142.46	10.30	10.50	11.44
原特区外	445.00	682.94	820.25	63.49	65.84	65.87
宝安区	273.51	402.36	314.90	39.02	38.79	25.29
龙岗区	171.49	201.51	227.89	24.47	19.43	18.30
龙华区	—	—	160.37	—	—	12.88
坪山区	—	30.92	42.80	—	2.98	3.44
光明新区	—	48.15	59.68	—	4.64	4.79
大鹏新区	—	14.61	—	—	1.17

数据来源:①2000 年数据来源于广东省 2000 年人口普查资料;②2010 年、2017 年数据分别来源于《深圳统计年鉴 2011》和《深圳统计年鉴 2018》。
注:①光明新区于 2007 年由宝安部分街道新设立、坪山区于 2009 年由龙岗区部分街道新设立、龙华区于 2011 年由龙岗区和宝安部分街道新设立、大鹏新区于 2011 年由龙岗区部分街道新设立;
②2017 年数据未包含深汕特别合作区人口。

二、原特区内人口老龄化程度较高,原特区外人口年龄结构较年轻

深圳原特区内的罗湖区、福田区和盐田区老龄化程度较高,光明新区、坪山区、龙华区和南山区劳动年龄人口比重较高。目前,深圳人口年龄结构非常年轻,还未进入老龄化社会。2015 年,65 岁及以上人口比重为 3.37%,比2000 年提高 2.14 个百分点。劳动年龄人口比重大,达到 83.23%,是北上广深等超大城市中人口年龄结构最为年轻的城市,这得益于大量外来劳动年龄人口的流入(表 3.2)。从人口老龄化程度来看,原特区内的罗湖区、福田区和盐田区老龄化程度较高,其中罗湖区最高,为 5.6%,福田区为 4.5%;原特区外的光明新区、坪山区和龙华区,以及南山区老龄化程度较低,65 岁及以上人口比重不到 2%。

从各区劳动年龄人口来看,各区基本表现出先增加后减少的态势,均在80%以上。其中,光明新区、坪山区、龙华区和南山区劳动年龄人口比重在85%以上,南山区比重较高主要在于集聚了大量优质的科技创新资源,吸引了大量年轻科技创新人才,并带动了年轻服务人口的增长。总体而言,深圳的劳动年龄人口比重基本表现出原特区外高于原特区内的特征。

表 3.2 深圳市各区常住人口年龄结构变化 （单位:%）

全市/区	2000 年		2010 年		2015 年	
	15—64 岁	65 岁及以上	15—64 岁	65 岁及以上	15—64 岁	65 岁及以上
全 市	90.28	1.23	88.31	1.79	83.23	3.37
福田区	86.78	1.83	85.07	3.02	82.10	4.50
罗湖区	86.77	1.55	84.76	3.36	80.90	5.60
盐田区	91.19	1.09	86.87	2.00	81.40	4.50
南山区	88.59	1.29	86.16	2.28	85.60	1.80
宝安区	92.19	0.97	91.48	0.99	83.00	2.20
龙岗区	91.30	1.18	86.38	1.68	81.70	3.70
龙华区	—	—	—	—	85.70	1.90

全市/区	2000 年		2010 年		2015 年	
	15—64 岁	65 岁及以上	15—64 岁	65 岁及以上	15—64 岁	65 岁及以上
坪山区	—	—	89.39	1.53	86.00	1.70
光明新区	—	—	90.69	1.24	87.50	1.60
大鹏新区	—	—	—	—	81.40	3.30

数据来源:①广东省 2000 年人口普查资料;②深圳市 2010 年人口普查资料;③深圳 2015 年人口抽样调查资料。

三、原特区内受教育水平明显高于原特区外,高层次人才主要集聚于原特区内

深圳各区人均受教育水平不断提高,原特区内各区人均受教育水平高于原特区外各区。"十二五"时期,深圳市常住人口人均受教育年限小幅提高,由 2010 年的 10.63 年增加至 2015 年的 10.96 年(表 3.3)。深圳各区人均受教育年限均表现为增加态势,也表现出原特区内各区人均受教育水平高于原特区外的各区,原特区外新设立的新区水平最低。2015 年,处于核心区的福田区、罗湖区和南山区人均受教育水平均在 11 年以上。其中,南山区最高,达到 12.37 年,主要是因为南山区集聚了深圳大学、深圳职业技术学院等高等教育资源,以及深圳高新区集聚了大量的高学历创新人才;宝安区和龙岗区约为 10.5 年,离市中心较远的光明新区、大鹏新区、坪山区等人均受教育水平最低,不足 10 年。

另外,近年来深圳实施人才政策,吸引了大量国内外高层次人才,但高层次人才主要集聚于原特区内,边缘城区集聚规模仍然较小。截至 2016 年底,地处边缘城区的坪山区博士人才约 100 名,引进海内外各类高层次人才 1126 名,在全市所占比例非常小;而南山区已经吸引了 8000 名博士、5 万名海归、8 位全职院士、169 名国家"千人计划"专家、1025 名深圳"孔雀计划"专家。与位处原特区内的南山区相比,边缘城区的坪山区创新创业人才集

聚力明显较弱。

表 3.3　深圳市各区常住人口受教育年限变化　　　（单位：年）

全市/区	2010 年	2015 年
全　市	10.63	10.96
罗湖区	11.13	11.14
福田区	12.00	11.85
南山区	12.36	12.37
宝安区	10.15	10.12
龙岗区	10.03	10.58
盐田区	10.58	10.59
坪山区	9.59	9.78
龙华区	—	10.45
光明新区	9.36	9.84
大鹏新区	—	9.24

数据来源：①深圳市 2010 年人口普查资料；②深圳 2015 年人口抽样调查资料。

四、原特区内近年流动人口呈现减少态势，原特区外集聚强度不断提升

新世纪以来，深圳市流动人口规模不断增长，但增速明显放缓（表 3.4）。深圳流动人口规模由 2000 年的 576 万人增长至 2010 年的 786.2 万人，再增至 2017 年的 817.4 万人，2000—2010 年间年均增长 21 万人，2010—2017 年间年均增长 4 万人。

2000—2017 年，原特区内流动人口总体表现为先增加后减少，而原特区外持续增加，即流动人口向原特区外集聚强度不断提升，其中宝安区、龙岗区、龙华区是流动人口集聚的重要区域。统计数据表明，福田区流动人口规模由 2000 年的 59.5 万人增加至 2010 年的 70.6 万人，再下降至 2017 年的 52.3 万人；罗湖区则表现出不断减少的态势，由 2000 年的 48.9 万人持续下降至 2017 年的 41.4 万人。深圳原特区外流动人口规模持续增长，2017 年达到 654.5

万人,比 2000 年增加 238.7 万人,占全市流动人口的 80.1%,比 2000 年提高约 8 个百分点,流动人口向原特区外集聚强度明显提高。

表 3.4 深圳市各区流动人口规模变化　　　　　　（单位:万人）

全市/区	2000 年	2010 年	2017 年
全　市	576.0	786.2	817.4
原特区内	160.1	195.4	162.9
福田区	59.5	70.6	52.3
罗湖区	48.9	47.1	41.4
盐田区	-4.8	16.4	16.2
南山区	56.5	61.3	53.0
原特区外	415.8	590.7	654.5
宝安区	270.9	356.9	261.1
龙岗区	144.9	163.8	162.6
龙华区	—	—	131.2
坪山区	—	27.3	36.3
光明新区	—	42.7	52.7
大鹏新区	—	—	10.7

数据来源:①《深圳统计年鉴 2001》;②《深圳统计年鉴 2011》;③《深圳统计年鉴 2018》。
注:①深圳各区流动人口数据根据常住人口减去户籍人口得到;②2017 年数据未包含深汕特别合作区人口。

第三节　深圳市人口空间分布优化的主要实践

近年来,深圳人口仍处于明显集聚的态势,空间分布上表现为明显的人口核心化、并向郊区化开始扩散的特征。相比北京、上海等超大城市,深圳人口规模调控的气息是最轻的,甚至人才吸引政策演化为人口吸引政策,人口调控措施中十分强调城市人口空间有序发展、人口结构优化,更加注重"核心区+组团式"、东西两翼协调发展。具体如下。

一、注重城市协调发展，推进城市多中心建设

随着深圳城市发展，罗湖区、福田区、南山区、宝安区等在全市整体发展布局下，推进行政区划改革，设立4个功能新区，初步形成多中心格局。为拓展城市发展空间、提高城市管理效率，自2009年以来，深圳设立了光明、坪山、龙华和大鹏四个功能新区，承载差异化的城市功能，推动城市多中心发展。在《深圳市城市总体规划（2010—2020年）》《深圳市实施东进战略行动方案（2016—2020年）》等各类规划中，均体现了深圳坚持多中心格局的发展思路。《深圳"十三五"规划纲要》提出坚持"三轴两带多中心"的空间发展策略，推进向多中心、网络化、组团式结构发展，实现紧凑集约、高效绿色发展。2016年，深圳成立市级实施东进战略工作领导小组，由市主要领导担任组长，全面协调东进战略中的各项任务措施，推动城市均衡协调发展。无论是从城市规划还是城市管理体制设置等方面，均体现了深圳城市建设多中心、组团式发展的思路。

二、推动交通、基本公共服务配套向边缘城区延伸发展

由于历史、地理、经济社会等因素，深圳的交通、基本公共服务供给存在不平衡不充分的矛盾。近年来，深圳加大了交通配套建设，加强深圳东部轨道、高快速、城际等交通统筹规划建设，积极推动6条铁路（国家铁路、城际轨道、地方铁路）规划建设，以及3号线东延（双龙—六联）等一批地铁建设，加强原特区外区域与深圳市中心相连，以及东部四区龙岗区、坪山区、盐田区、大鹏新区的内部循环联系，试图彻底改变由于交通而制约经济社会发展的格局。积极引导大中型商业综合体、便利店、银行网点等生活配套设施布局在新区，推动大学、职业教育等教育资源、公共医疗服务资源等项目落户新区，试图以"教育+人口人才""教育+产业发展""医疗卫生+人口人才""医疗卫生+产业

发展"的模式带动人口人才在新区集聚。比如,2017 年深圳技术大学落户坪山区,推动人口人才向边缘城区集聚。

三、实施社会融合工程,促进外来人口融入本地

深圳提出"来了就是深圳人"的口号,极具包容性,各区也探索促进外来人口社会融合。如 2014 年 12 月,坪山区成立现代市民培育工程指导委员会,启动了为期 5 年,以"做现代市民、建和美坪山"为宗旨的现代市民培育工程,积极探索提升市民素质、推进文明创建工作的新路径。龙华区紧紧围绕"融合龙华"社会建设总目标,通过"以德育人、以文化人、以梦想凝聚人心,坚持文化惠民",打造新型治理体系,让产业工人成为"社会建设参与者",推进"共建共治共享",打造示范街道和示范社区,以社会组织为抓手,推动产业工人多领域自治,培育广大外来建设者的归属感和家园意识,促进户籍人口与外来人口和谐共处、融合发展。

四、强化高端人才吸引,优化人口素质结构

近年来,深圳高度重视人才引进,出台了一系列具有影响力的人才政策,建设各类人才服务平台,吸引了一批高素质、高技能人才,优化了人口素质结构。如 2016 年出台《关于促进人才优先发展的若干措施》,在人才安居保障、给各类人才"松绑"、落实人才自主权、优化人才服务等方面大胆突破。如,全日制本科学历的大学毕业生落户,可获得一次性租房和生活补贴,其中本科 1.5 万元、硕士 2.5 万元、博士 3 万元,还可以申请公共租赁住房轮候。2017年出台《深圳经济特区人才工作条例(草案)》,取消高层次人才及其配偶入户的年龄限制。与此同时,深圳还通过建设国家实验室、国家重点实验室等各类高端科技创新平台,为发挥各类科技创新人才作用提供有利的发展环境,以此强化高端人才吸引力。

第四节　优化人口空间分布路径的建议

目前,深圳人口发展表现出明显的西密东疏、西重东轻特点,南山区、宝安区在广深轴线,人口集聚程度明显高于深圳东部地区,导致核心城区堵、边缘城区也堵等诸多问题。当前,深圳经济非均衡发展导致人口分布的核心城区高度集中化,形成城市发展核心化与人口疏解的困境。2019 年 8 月,中央赋予深圳建设中国特色社会主义先行示范区的重任,要求深圳到 2050 年成为竞争力、创新力、影响力卓著的全球标杆城市。深圳人口发展与政策因素、产业结构、管理模式、文化等因素之间存在密切关系①,为此形成与社会主义先行示范区相匹配的人口结构性条件,需要从更大格局、更为系统、更为长远的角度来思考和探索,实现深圳产—人—城融合发展②。深圳建设中国特色社会主义先行示范区意味着要大力坚持创新、协调、绿色、开放、共享的新发展理念,需要将新发展理念贯彻在人口发展、城市发展中,推进人口有序发展与城市发展相适应。

一、树立粤港澳大湾区人口发展格局,推动深圳人口有序发展

城镇化发展不仅表现在某些大城市人口规模快速增长,也表现在城市之间关联度提升,形成趋向专业化分工合作、网络化、梯度化的城市群。深圳人口发展问题并不是一个孤立的个体,不能仅仅着手于深圳本身,还需要放眼于深圳所在的城市群或者大湾区所处的更大格局,深入认识新时期粤港澳大湾

---

①　曹绪奇、王蒲生:《深圳产业结构与人口结构相关性分析——同上海的对比》,《经济与社会发展》2009 年第 4 期;路云辉:《以政策调整深圳人口结构》,《特区理论与实践》2010 年第 6 期;国家人口计生委课题组:《深圳和珠海人口管理模式比较》,《学习时报》2012 年 1 月 2 日;王世巍:《深圳人口变迁与文化制度建设》,《特区实践与理论》2013 年第 4 期;章平、魏欣、刘启超:《城市化中的土地和人口治理——深圳经验解析》,《开放导报》2018 年第 5 期。

②　刘厚莲:《我国城市新区产城融合状态、经验与路径选择》,《城市观察》2017 年第 6 期。

区人口一体化发展。对于深圳自身而言,目前开始显现人口扩散特征,要积极认识城镇化中后期发展中流动人口分布趋势规律等,把握好人口空间优化的重要机遇,强化城市副中心的承载作用,优化人口在超大城市、城市群格局中的空间分布。从城市群或区域的角度来看,需要放眼于整个粤港澳大湾区,正确处理好大湾区中的深圳与大中小城市人口发展的关系,打造知识创新—科技、产业创新—集成应用创新的梯度创新圈,构建"基础研究+技术攻关+成果产业化+科技金融+人才支撑"全过程创新生态链,形成优势互补、良性互动、协同发展的格局。

二、强化深圳多中心发展思维,奠定人口分布的空间基础

城市规划是一盘棋,具有前瞻性、综合性、统筹性、格局性,应将经济社会发展规律与城市发展实际有机融合。加强认识城市规划中的人口发展、经济产业发展、科技创新、基本公共服务配套、交通发展等内生发展关系。立足城市人文地理、经济社会等实际,以人性化城市为发展目标,继续加强深圳多中心发展规划,进一步明确深圳各区域的功能定位,尤其是边缘城区,如光明区、坪山区等产业发展区域,提高土地利用效率,实现人口、城市空间、经济产业融合发展。加快建设城市副中心、新城新区、特色小镇,强化与核心区之间的联系,重点规划科技产业发展新空间,以及交通、商业、医疗、教育等优质公共服务布局,缓解职住分离矛盾,实现产业转型升级和提升人口承载能力。

三、推动创新、产业、交通、基本公共服务布局,提升优化人口分布动能

经济吸引力和生存环境是影响人口迁移流动"用脚投票"的重要因素。充分发挥市场基础性配置作用,就是要以创新、产业发展资源优化布局,引导超大城市人口合理分布。重点针对深圳新城新区产城融合程度较低、人口规

模小、人口入住率较低、职住分离等问题①,优先向光明区、坪山区、龙华区等深圳边缘城区布局优质的科技创新、产业发展资源,增强边缘城市人口人才吸引力。优质公共服务资源是留住人口的重要保障,目前人们都想享受核心城区的优质教育、医疗等资源,导致核心城区人口疏解难、边缘城区引人难和留人更难,由此要加强城市副中心、边缘城区优质公共服务资源供给。通过科技创新、产业发展、交通、基本公共服务优化布局,构建人口迁移流动的良性生态,促使人口向深圳东部地区流去并留下,提升人口居留意愿和幸福感。

四、依托现代信息技术、大数据等,创新城市管理治理方式

充分借助当前科技、现代信息技术、大数据等,推动城市管理治理方式变革,提高城市运行效率,增强城市人口服务能力。以深圳网格化管理、社会化服务为基础,以智慧城市建设为契机,充分发挥"互联网+"、大数据等现代信息技术的优势,加快形成与经济社会发展、人口发展相匹配的城市管理服务能力。以深圳城市为单位,以卫生计生、公安、民政等部门建立的数据为基础,加快整合人口、产业、交通、住房、园区、土地空间等数据资源,形成超大城市统一的数据资源体系、云服务平台,覆盖公共基础数据库、专题数据库和部门共享库,服务于智慧政务、智慧城管、智慧交通、智慧安居。依托大数据和信息化手段,把政府、社会、市民整合在一起,打造精准治理、多方协作的社会治理新模式。

---

① 左学金:《我国现行土地制度与产城融合:问题与未来政策探讨》,《上海交通大学学报(哲学社会科学版)》2014 年第 4 期;刘士林、刘新静、孔铎:《2015 中国大都市新城新区发展报告》,《中国名城》2016 年第 1 期。

第四章　超大城市边缘城区人口
人才发展路径研究

　　导言：深圳坪山区是深圳东部边缘城区,如何促进人口人才集聚成为摆在经济社会发展基础地位的重要问题。坪山区人口规模总体上变化不大,目前总人口约为60万人,常住人口、户籍人口增长缓慢;人口素质较低,人才队伍规模较小,且对人口人才的吸引力较弱;人口就业主要分布在制造业,商业及高端服务业发展相对落后。本章提出以科学前瞻理念,做大坪山区人口规模,做优人口质量,支撑打造深圳东部增长极。要创新人才政策和人才服务,借力产业转型升级,促进人口人才流入;加快发展优质商业生活、公共服务等配套,营造优质宜居氛围,促进人口人才扎根坪山区。本章意在为其他超大城市新城新区人口人才发展提供借鉴。

　　人口是影响经济社会发展的关键因素,人才资源是发展的第一资源。自1980年成立深圳经济特区以来,大规模外来劳动人口和各类人才为深圳40多年来经济高速发展作出了巨大贡献,经济总量由1980年的2.7亿元增长到2019年的2.6万亿元,常住人口也相应地由1980年的33.3万人增长到2019年的1344万人(按国家统计局的常住人口统计口径),使得深圳由一个边陲小镇跃升为具有世界级水准的经济和人口大都市。

坪山区位于深圳市东北部,属于深圳东北部的边缘城区,东靠惠州市大亚湾石化城,南连大鹏半岛,西临盐田港,北面是龙岗区中心城,总面积168平方千米。早在"十三五"初期,作为深圳市边缘城区的坪山区提出抢抓"深圳东进"战略机遇、全力打造具有现代田园都市风格的深圳"东北门户、智造新城"。为了建设创新、现代产业繁荣发展的城区,推动深圳东部增长极发展,坪山区十分重视人口人才发展,积极建立吸引人口人才的政策制度。本章试图全面认识坪山区人口人才发展基础,思考作为超大城市的边缘城区如何引人、聚人和留人。

第一节 深圳市坪山区人口人才发展基础

人口是一个慢变量,具有自身发展规律。自2009年6月建区以来,坪山区人口发展进程较为缓慢。考虑到人口"慢性"发展规律和数据获得受限等因素,以坪山区和深圳市2010年第六次人口普查资料为主要数据,并结合近几年坪山区人口数据,综合分析坪山区人口发展状况,具有较强的代表性和可参考性。根据各类人口统计口径①,坪山区人口规模总体上变化不大,目前总人口约为60万人,常住人口、户籍人口增长缓慢;人口素质较低,人才队伍规模较小,且对人口人才的吸引力较弱;人口就业主要分布在制造业,商业及高端服务业发展相对落后。

---

① 人口由于统计口径而出现总人口、常住人口、户籍人口、流动人口和暂住人口等概念。总人口是指特定时点某区域范围内的人口;常住人口是指特定时点某区域在本地居住长达一定时间(各个部门略有差异,国家统计局通常按6个月计算)的人口;户籍人口是指户籍在本地(国家统计局以市辖区为统计口径)且居住在本地的人口;流动人口是指户籍不在本地但在本地居住长达一定时间(各个部门略有差异,国家统计局通常按6个月计算)的人口;暂住人口是指户籍不在本地且居住时间少于一定时间(国家卫生计生委通常按1个月计算,国家统计局通常按6个月计算)的人口。因此,各个统计口径的人口关系:总人口=常住人口+暂住人口;常住人口=户籍人口+流动人口(在本地居住半年以上)。

一、坪山区常住人口和户籍人口规模增长缓慢，人口吸引力较弱

2010—2019 年，坪山区常住人口规模由 30.96 万人增加至 44.63 万人，占全市常住人口比重约 3%，比重较低；户籍人口规模由 3.6 万人增加至 9.15 万人，占全市户籍人口比重总体呈小幅下降态势（表 4.1）。

常住人口增长迅猛是 40 多年来深圳经济社会发展变迁最显著特征之一。纵观深圳市人口发展历程，伴随着改革开放的不断深入和社会主义市场经济体制建立和不断完善，工业制造业不断发展、民营经济愈加活跃，对外来人口的吸引力强劲，促使深圳常住人口迅猛增长持续了近二十年。"十二五"以来，随着经济转型升级压力不断增大、人口流动分化逐渐显著，深圳常住人口增速也在放缓。但总体而言，是大量外来劳动年龄人口形成的人口红利推动了深圳经济高速增长。相比全市人口总体发展情况，自 2009 年成立以来，坪山区常住人口和户籍人口增速比较缓慢，说明目前坪山区对人口的吸引力比较弱。

表 4.1　2010—2019 年坪山区人口发展变化　　　　（单位:万人）

年份	常住人口	户籍人口	非户籍人口
2010	30.96	3.60	27.36
2011	31.28	3.73	27.55
2012	31.68	3.89	27.79
2013	31.96	4.07	27.89
2014	33.15	3.08	30.07
2015	35.61	5.15	30.46
2016	40.79	5.48	35.31
2017	42.80	6.49	36.31
2018	44.63	7.40	37.23
2019	46.30	9.15	37.15

数据来源:坪山区 2010—2019 年国民经济和社会发展统计公报。

二、坪山区流动人口增长缓慢,近七成流动人口主要来自国内十个省份

近五年来,坪山区流动人口规模增长缓慢。2019 年,坪山区流动人口规模达到 37.15 万人,相比 2010 年仅增加 10 万人,年均增加约 1 万人,增幅小、增速慢。2010 年,坪山区流动人口来源省份前十位占流动人口总规模比重达到 68.5%,其中湖南流入人口最多,达到 37355 人,流入人口超过 2 万人的省份有湖北、广西、江西和四川(图 4.1)。

(单位:人)

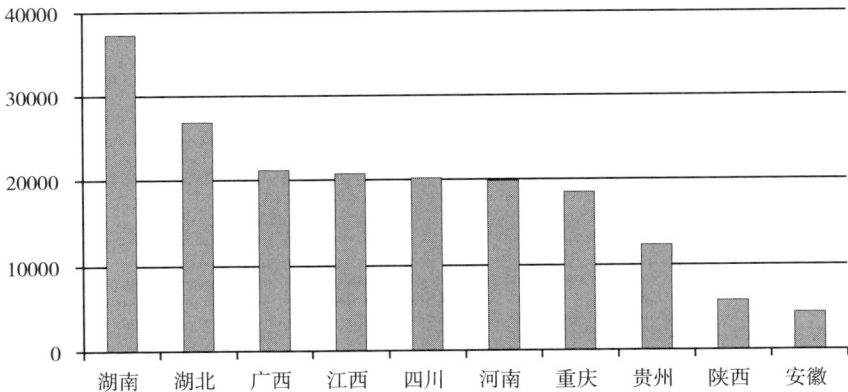

图 4.1 2010 年坪山区流入人口前十位的省份

数据来源:深圳市 2010 年人口普查资料。

三、坪山区对受教育程度较高的人口吸引力弱

从流动人口素质来看,坪山区高中以下(不含高中)学历的流动人口比重高达 74.0%,省内和省外流入人口平均受教育水平均不及全市平均水平(图 4.2)。在平均受教育年限方面,2010 年坪山区省内和省外流动人口平均受教育水平分别为 9.5 年和 9.6 年,全市各区中南山区最高(分别为 12.2 年和 11.6 年),光明新区最低(两者都为 9.4 年)。

（单位：年）

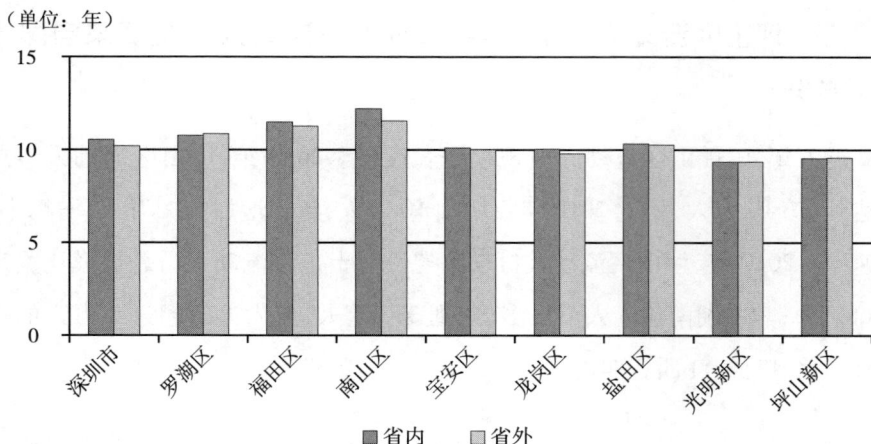

图 4.2　2010 年深圳市及各区按流动范围分的流动人口平均受教育年限

数据来源：深圳市 2010 年人口普查资料。

注：2009 年深圳坪山新区成立，2017 年设立坪山区，这里使用 2010 年数据，故而仍用坪山新区，下同。

　　在本科和研究生人口流入方面（图 4.3），2010 年流入坪山区本科生和研究生分别只占全市的 2.3% 和 0.8%。研究生流向各区占比排名前三的分别是南山区、福田区和宝安区，分别是 33.9%、27.6% 和 15.4%，这三个区吸引的研究生数量达到全市的 76.9%，充分说明这三个区对高素质的人才具有较强的吸引力，另外流向周边的龙岗区研究生占比为 10.3%。相比而言，目前坪山区对高学历人才的吸引力偏弱。

四、从全市平均水平与区际比较来看，坪山区就业人口素质处于全市下游，人才队伍规模较小

　　从各区就业人口平均受教育年限来看（图 4.4），坪山区就业人口素质处在全市下游水平。2010 年，坪山区就业人口平均受教育年限为 9.86 年，约低于全市平均水平 1.1 年（10.93 年）。从全市各区平均受教育年限来看，南山区最高（12.66 年），福田区其次（12.45 年），周边的龙岗区为 10.39 年，光明新区最低（9.63 年）。

（单位：%）

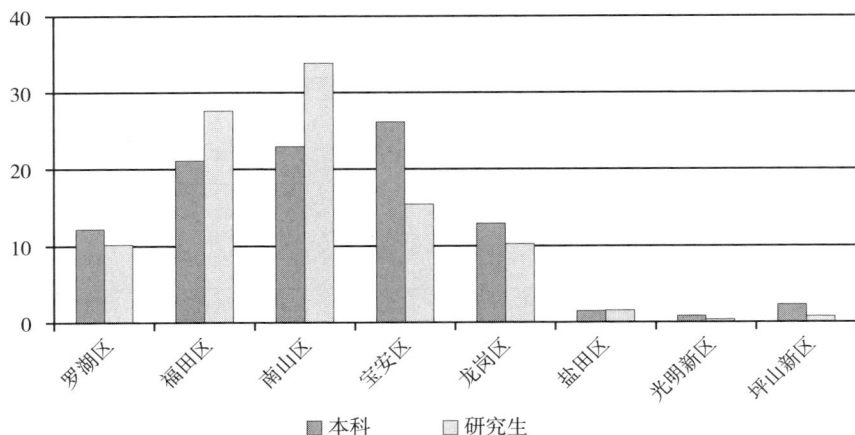

图 4.3　2010 年深圳市各区本科和研究生流动人口流向情况

数据来源：深圳市 2010 年人口普查资料。

（单位：年）

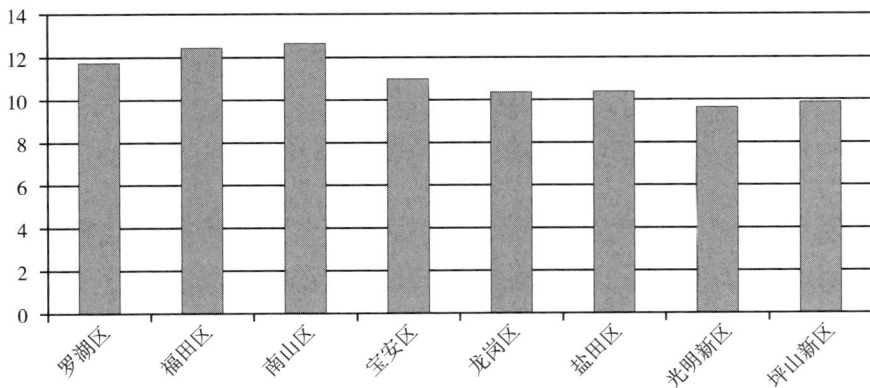

图 4.4　2010 年深圳市各区就业人口平均受教育年限

数据来源：深圳市 2010 年人口普查资料。

从每 10 万人具有大学教育程度情况来看（图 4.5），2010 年坪山区每 10 万人具有大学程度的人口数量仅为 6639 人，全市平均水平为 17175 人，相比而言，坪山区少了 10536 人。从全市各区每 10 万人具有大学教育程度人口数量来看,南山区最高(39342 人),福田区其次(34338 人),光明区最低(3682 人)。

（单位：人）

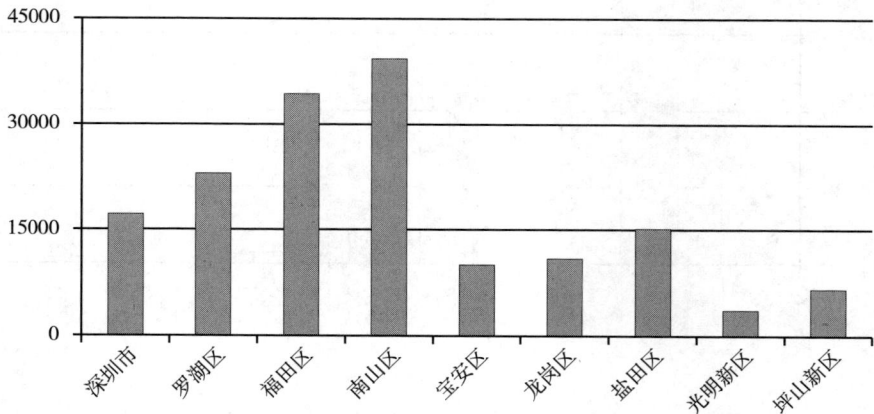

图 4.5　2010 年深圳市、各区每 10 万人具有大学教育程度情况

数据来源：深圳市 2010 年人口普查资料。

从各个行业来看(图 4.6),2010 年坪山区各个行业的就业人口平均受教育年限均不及全市平均水平,其中尤以科学研究技术服务业、金融、租赁和商务服务业等行业差距最为显著。

从人才队伍建设来看(图 4.7),自成立以来,坪山区人才数量显著增加,但总量仍然偏小。截至 2014 年底,坪山区博士数量达到 246 名(其中企业232 人,机关事业单位 14 人),拥有中组部"千人计划"专家仅 1 人,地方级领军人才 6 人,后备级人才 10 人,海外高层次 B 类人才 1 人、C 类人才 2 人,已认定坪山区成长型人才 35 人,共引进海内外高层次人才团队 14 个,聘请 5 名诺贝尔奖得主和 15 名国内外著名专家担任坪山区的产业顾问与科技顾问。与市内其他区相比,坪山区高层次人才明显匮乏,作为高技术产业大区的南山区已拥有博士 7000 多名、海归 2 万多名、高科技人才 10 万多名,拥有国家"千人计划"人才 86 人,广东省创新科研团队 22 个,深圳市"孔雀计划"团队 21个、人才 549 人;宝安区拥有 8 名中组部"千人计划"专家,市级以上高层次人

（单位：年）

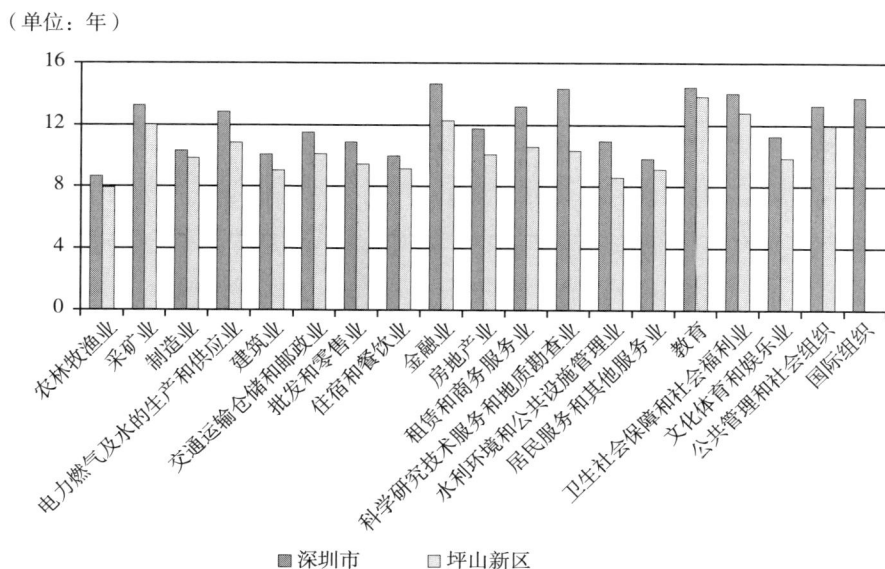

图 4.6　2010 年深圳市、坪山新区按行业分的就业人口平均受教育年限

数据来源：深圳市 2010 年人口普查资料。

才 661 名，拥有广东省和"孔雀计划"创新科研团队 4 个，已认定区创新科研团队 7 个，区高层次人才 758 名；龙岗区拥有全国"两院院士"及国际知名科学院院士 4 名、"千人计划"专家 20 名、"孔雀计划"人才 46 名、"孔雀计划"团队 4 个、广东省创新科研团队 4 个；龙华区截至 2013 年引进博士数量就超过了 300 多名，仅 2014 年就引进高层次人才 73 名、教育卫生人才 561 名、创新团队 3 个。

五、坪山区就业人口主要分布在制造业，商业及高端服务业发展滞后，专业技术人员不足

从就业人口行业分布来看（表 4.2），坪山区制造业从业人员比重显著高于全市平均水平，信息传输、计算机服务和软件业、居民服务和其他服务业、教育、文化体育和娱乐业等从业人员比重显著低于全市平均水平。在制造业发

（单位：人）

机关事业单位

（单位：人）

企业

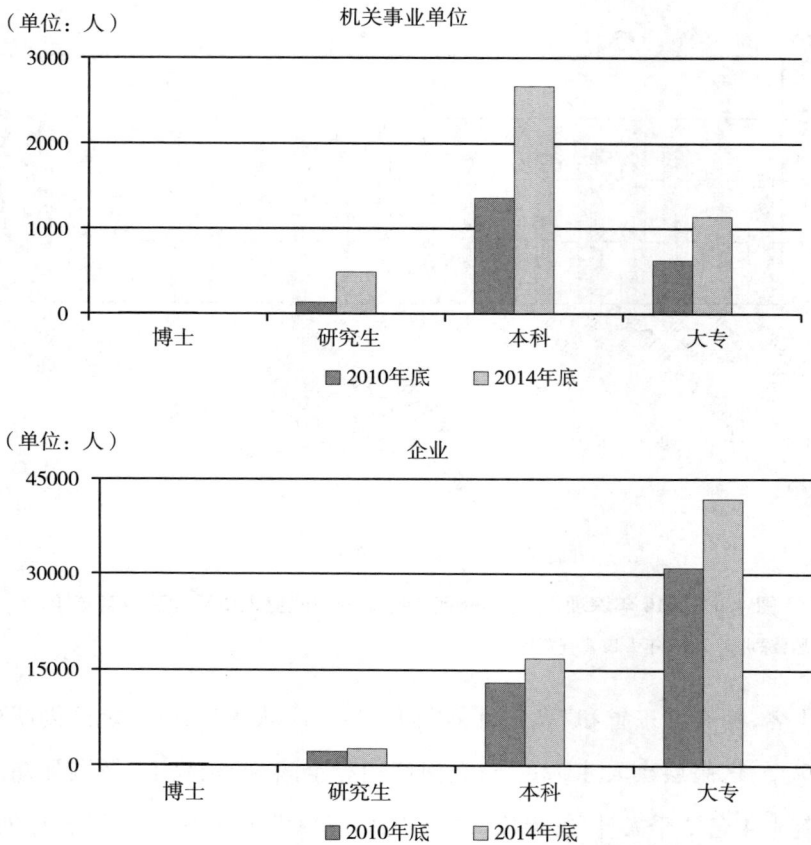

图 4.7　坪山区机关事业单位、企业学历情况分布

数据来源：坪山区调研数据。

展方面，深圳市工业发展主要布局在原特区外，工业基础较为扎实，如宝安区、龙岗区，导致目前原特区外的几个（新）区的制造业从业人员比重远高出全市平均水平，其中坪山区和光明区均比全市平均水平高出 20 多个百分点。在服务业发展方面，则呈现相反的格局，原特区外地区的服务业发展明显不及全市平均水平，如坪山区居民服务和其他服务业从业人员所占比重约为全市平均水平的一半，金融业从业人员所占比重不足全市的 1/7。

表 4.2　2010 年深圳市及主要区就业人口行业分布　　（单位:%）

行业	深圳市	宝安区	龙岗区	光明新区	坪山区
农林牧渔业	0.28	0.16	0.34	1.61	0.78
采矿业	0.06	0.02	0.03	0.03	0.01
制造业	55.33	70.68	61.93	79.86	77.01
电力燃气及水的生产和供应业	0.37	0.17	0.32	0.20	0.52
建筑业	2.85	2.18	2.74	1.75	2.14
交通运输仓储和邮政业	3.79	2.47	2.71	1.16	1.73
信息传输、计算机服务和软件业	1.53	0.84	0.91	0.29	0.25
批发和零售业	16.43	12.16	15.45	8.53	8.10
住宿和餐饮业	4.31	3.10	3.77	1.84	2.08
金融业	1.63	0.61	0.97	0.22	0.22
房地产业	2.42	1.39	1.73	0.80	0.50
租赁和商务服务业	1.86	0.95	1.36	0.36	0.95
科学研究技术服务和地质勘查业	0.77	0.33	0.48	0.08	0.13
水利环境和公共设施管理业	0.37	0.19	0.26	0.20	0.38
居民服务和其他服务业	2.79	1.72	2.19	1.21	1.39
教育	1.42	0.81	1.34	0.65	0.80
卫生社会保障和社会福利业	0.84	0.52	0.77	0.38	0.43
文化体育和娱乐业	1.02	0.59	0.79	0.38	0.20
公共管理和社会组织	1.94	1.09	1.94	0.45	1.61
国际组织	0.00	0.00	0.00	0.00	0.00

数据来源:深圳市 2010 年人口普查资料。

从常住人口职业分布来看(图 4.8),坪山区 64.9%的从业人员为生产运输设备操作人员(生产一线),显著高出全市平均水平约 17 个百分点;商业服务人员比重为 15.41%,约低于全市平均水平 12 个百分点;专业技术人员占 8.06%,约低于全市平均水平 2 个百分点,反映出目前坪山区商业服务业发展滞后,专业技术人才不足的现状。

（单位：%）

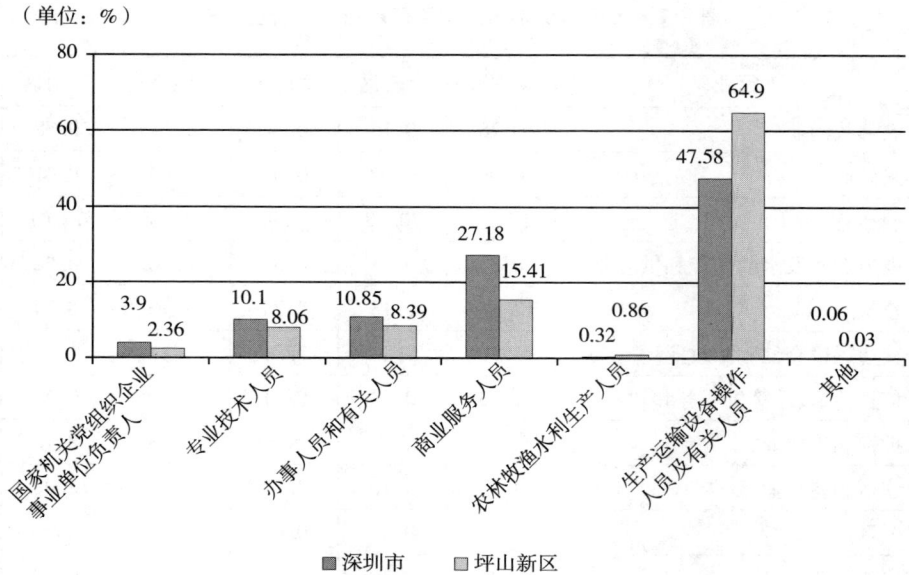

图 4.8　2010 年深圳市、坪山新区常住人口的职业分布

数据来源：深圳市 2010 年人口普查资料。

六、大规模外来劳动年龄人口流入促使坪山区人口年龄结构呈现成年型人口金字塔，就业人口年龄结构相对全市平均水平略显老化

　　2010 年，坪山区流动人口约为 27.4 万人，约为户籍人口的 7.4 倍。据 2010 年人口普查资料数据，外来劳动年龄人口占流动人口比重达到 91.6%，扩大了坪山区劳动力规模，促使坪山区人口年龄结构呈现显著的成年型人口金字塔（图 4.9）。从全市人口金字塔图来看，坪山区人口金字塔占全市面积十分有限（图 4.9）。

　　从劳动力的年龄结构来看（图 4.10），坪山区 16—24 岁年轻劳动力比重与全市平均水平相当；25—39 岁青壮年劳动力占比为 43.87%，低于全市平均水平约 5.7 个百分点；40—54 岁中老年劳动力占比为 20.83%，高于全市平均水平约 2.8 个百分点。总体来看，坪山区的就业人口年龄结构略老于全市平均水平。

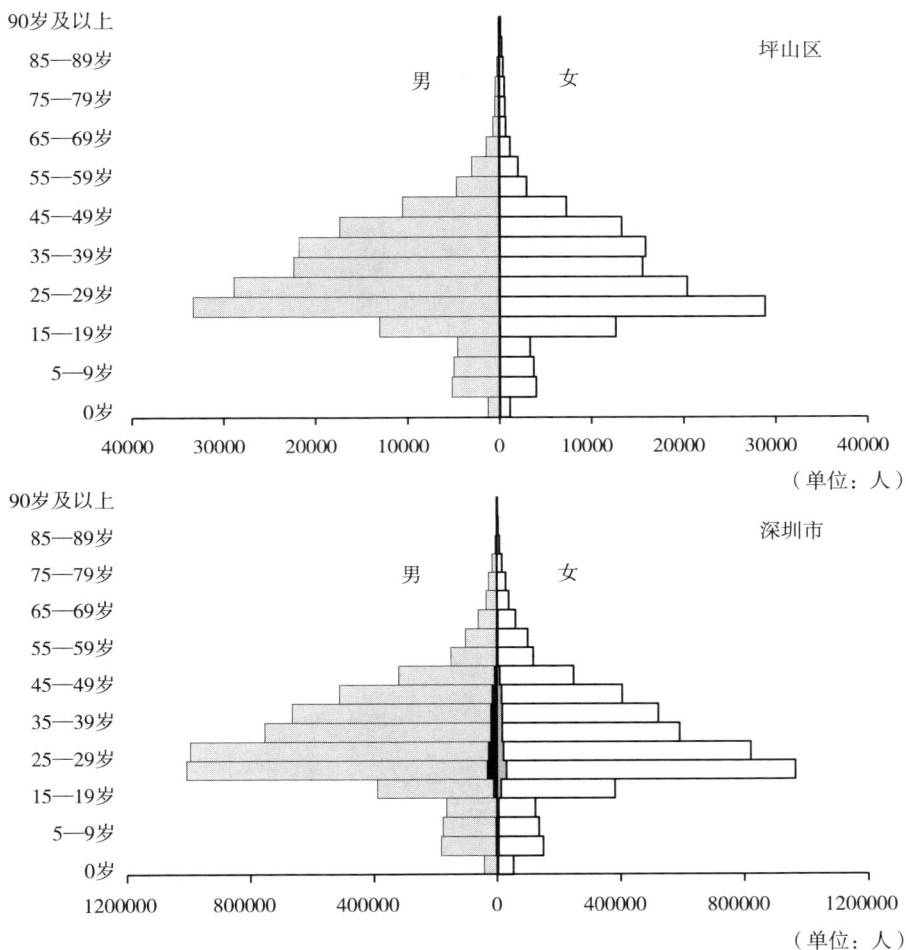

图 4.9　2010 年深圳市、坪山区常住人口金字塔

数据来源:深圳市 2010 年人口普查资料。

注:图中外柱状表示深圳市某年龄段常住人口规模;内柱状表示坪山区某年龄段常住人口规模。

七、坪山区人口分布较集中,超过八成人口主要分布在 13 个社区

依据坪山区常住人口分布、总人口分布和人口密度,发现坪山区人口分布较为集中。从坪山区 2015 年总人口分布来看,81.3%的人口主要分布在 13 个社区,分别是坪山办事处的六联、竹坑、沙壆、碧岭、六和、坪环、石井、江岭;

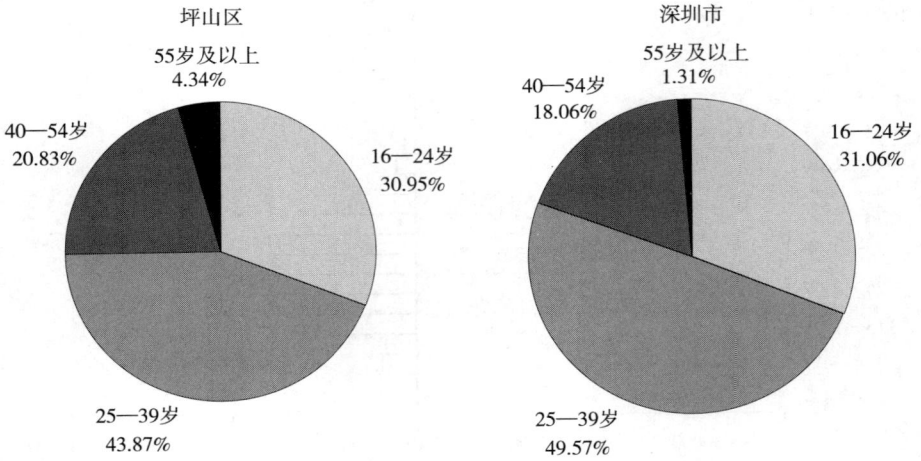

图 4.10　2010 年深圳市、坪山区就业人口年龄结构情况

数据来源：深圳市 2010 年人口普查资料。

坑梓办事处的秀新、龙田、金沙、老坑和沙田；人口密度较大的社区是坪山、南布、六联、和平、六和、沙壆、秀新、竹坑等 8 个社区（图 4.11）。

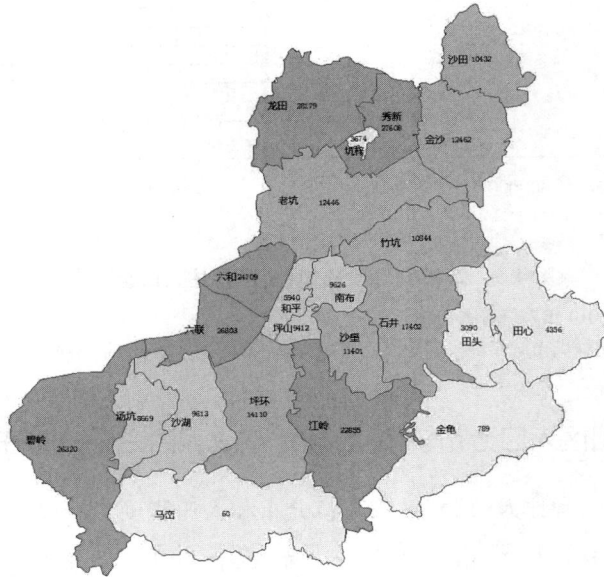

图 4.11　2010 年坪山区常住人口分布情况

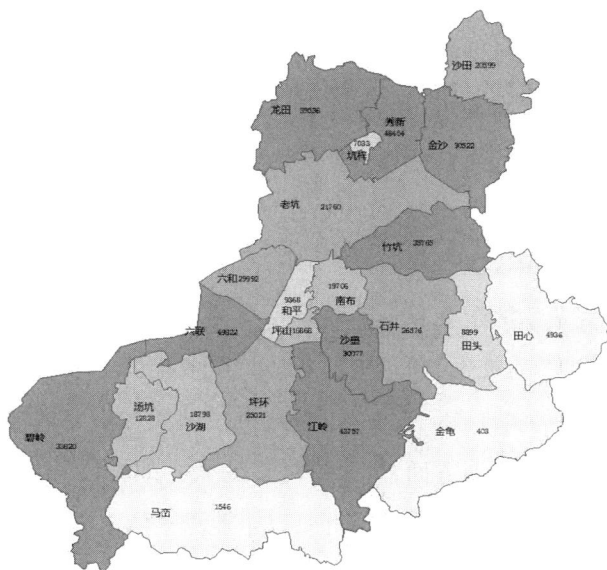

图 4.12　2015 年上半年坪山区人口分布情况

数据来源:①坪山区 2010 年人口普查资料;②坪山新区智慧社会服务中心 2015 年业务数据半年报。

第二节　边缘城区人口发展思路分析

　　未来一段时期,需要以科学前瞻理念,做大边缘城区人口规模,做优人口质量,承载更多城市功能,支撑打造深圳东部增长极。一般而言,边缘城区目前人口总量规模较小,人口质量相对较低,对人才的吸引力较弱。要打造具有现代田园都市风格的深圳东部增长极,坪山区必须要做大人口规模,做优人口质量,增强人才吸引力,促使人口人才能够"聚过来、留得住、扎下根",同时坪山区核心竞争力和有质量可持续稳健发展也必然要求较快地广泛吸纳各类人才。

　　根据企业调研发现,企业或其研发环节迁移与否需要重点考虑人才是否随之流动。为此,需要牢牢抓住引进和扶持培育人才的源头,促进优质企业向坪山区迁移,努力留住人才,方能实现人口与产业的良性互动、协同发展。具体而言,一方面,要创新人才政策,营造优质创新创业氛围,促进产业转型升级,集聚高新技术企业,进而带动人口规模增长和人口结构优化,奠定人口人才增长集聚的经济基础;另一方面,要通过促进坪山区商业生活服务业升级发展、打造优质生活商圈,完善公共服务配套,营造宜居宜业氛围,提升来坪山区的人口人才居留意愿和幸福感,筑牢边缘城区人口人才发展的社会基础。

打造深圳东部增长极需要做好人口人才这篇"大文章",必须牢牢抓住交通、产业发展、商业生活配套和公共服务等重要方面。首先需要理清各个抓手相互影响的逻辑关系:交通、商业生活和公共服务配套是基础,产业发展是动力,人口集聚并最终实现宜居宜业是目标,科学把握城市发展规律,引导其进入良性互动轨道。在交通方面,全力推进交通大会战,全面改善交通状况,提高交通出行的便利性;在产业发展方面,以企业为主体引进和培育技能型和中高层次人才,增强坪山区人口就业高质性和稳定性,促进高素质就业人口规模化流入坪山区;在商业生活配套方面,根据坪山区人口分布和城市规划,合理布局商业等基础设施配套,完善坪山区城市功能;在公共服务方面,为流入人口提供均等化基本公共服务,加大力度引进各类中高层次人才,在就业、住房、医疗、子女教育等方面提供完善的保障措施,给予政策倾斜和优质便捷服务,才能实现家庭随迁流动。

如何在经济社会发展新常态中促使边缘城区形成强大的人口人才吸引力,做大人口总量、做优人口质量?对微观个体而言,人口人才是否流入主要取决于流入地的就业机会、生活成本(住房、出行等)、生活配套服务、子女教育、医疗、社会保障等综合因素。流入地的就业机会主要在于产业发展,优质的就业机会在于是否拥有高端先进的产业,在于价值链较前端的产业发展环节。公共服务配套是人口发展到一定阶段后,人们十分关注的因素。人口人才只有在流入地能找到比较满意薪酬和发展机会的工作,才能聚过来;只有在流入地拥有可负担和比较满意的生活配套环境,才能留得住;只有在流入地享受便利优质的子女教育和卫生医疗等基本公共服务,子女父母等家庭成员才会随之流动,才能最终扎下根。当前,流动人口发展进入新常态阶段,即已由最初的"单枪匹马"或"只身流动"逐步发展为家庭流迁,即举家迁移流动增加。因此,作为边缘城区必须加快解决好就业、住房、子女教育、医疗、社会保障等流入人口人才关心的切身利益问题,同时切实发挥好坪山区市民培育工程宣传作用,才能实现人口人才"聚过来、留得住、扎下根"。

第三节　对策建议

人口与产业发展相互影响、协同推进,两者不可分割。需要全面统筹人口与产业结构调整工作,努力实现人口与产业平衡协调、互动提升。坪山区要高度认识到,城市的产业结构调整、优化升级需要运用"质量型人口红利"(或称为"人才红利")替代以往的"数量型人口红利"。总体来看,需要创新人才政策和人才服务,借力产业转型升级,做好商业生活和公共服务配套,合力增强坪山区人口人才吸引力。

一、创新人才政策和人才服务,借力产业转型升级,促进人口人才流入

(一)整合坪山区现有人才政策,加大人才吸引和扶持力度,拓宽人才引进渠道,提供人才"一站式"优质服务

整合现有人才就业、补贴、住房、子女教育等政策,制定《吸引高层次人才办法》,以重点发展产业为导向,重点针对创新创业高层次人才加大人才资助和综合服务力度,如罗湖区人才新政"菁英人才"的亮点在于针对产业发展、突出罗湖特色,覆盖高端生产性服务业、"互联网+"产业、深圳市战略性新兴产业和未来产业范围,覆盖人才住房、子女教育、医疗、父母养老等。考虑到边缘城区区位、发展阶段等因素,建议制定比其他区更具竞争力、更具吸引力的综合性人才政策,如加大引进人才补贴力度、优化设定来边缘城区的人才住房

配给、子女教育等政策。

发挥人才培养平台优势,增强人才引进动力。坪山区目前已拥有省市两级博士后创新实践基地,鼓励各单位、重点企业积极依托两级博士后创新实践基地招收和培养博士后,充分发挥人才培养平台的优势,为招揽博士后高层次人才,为打造深圳"东北门户、智造新城"提供高层次人才支撑和智力支持。

积极与国内外名校建立合作关系,拓宽人才引进渠道。目前坪山区乃至深圳市高校优质资源匮乏,自主培养的高层次人才有限,现阶段需要主动拓宽人才引进渠道。以重点发展产业为导向,如新能源(汽车)、生物产业、生命健康、机器人等重点产业,以国家新能源汽车产业基地、国家生物产业基地、出口加工区、坪山聚龙智谷智能制造示范基地等招牌,积极与国内知名大学、重点师范大学、医学院(包括中医学院、卫生学校)、幼儿师范学校等相关机构建立长期合作关系,通过建立大学生实习实训基地、研究生科研实践基地等方式,更好地为企业引进人才做好相关服务工作,同时积极引进坪山区当前和"十四五"时期经济社会事业发展急需的各类紧缺人才。

积极探索人才服务直通车,提供人才"一站式"服务。为提高人才服务效率,宝安区实行了人才服务专员制度;龙华区积极探索改进行政审批方式,推出人才引进、就业、补贴、住房、子女教育等综合服务窗口;罗湖区实行"菁英人才"服务专员制度,提供全程专人代办服务。坪山区除了提供不低于市内其他区的人才待遇外,还应积极为引进的人才提供"一站式"优质服务,提高人才引进效率和人才服务水平。

成立人才联谊会、协会等交流平台,提升人才就业生活归属感,服务坪山区经济社会发展。在打造人才交流平台方面,目前南山区、龙岗区成立了博士协会,宝安区也成立了博士联谊会,通过协会或联谊会积极开展各种人才交流活动,充分发挥博士人才的综合优势。目前坪山区各类企事业单位现有博士达到 200 多名,建议成立坪山区博士(博士后)联谊会,既为坪山区博士搭建交流平台,营造良好生活工作氛围,提升就业生活归属感,又能聚合坪山区博士人才资源,更好地为坪山区经济社会发展贡献智慧和力量。

建立常态化领导联系人才工作机制。借鉴坪山区目前联系企业、联系社区的工作机制做法,建议建立常态化坪山区领导联系人才工作机制,通过座谈、举办活动等各类形式了解"千人计划"、"孔雀计划"、坪山区认定、企业中层、一线技能型、社区基层等各类人才心声和需求,提高坪山区人才归属感和凝聚力。另外,坪山区相关部门还可以牵头联系企业,促进企业成立文化、特长等娱乐交流平台,或者成立促进企业文化交流的社会组织,丰富企业员工生活,提升人才就业获得感和生活归属感。

(二)积极推动坪山区产业转型升级,营造创新创业氛围,以产业结构层次提升带动人口结构优化和人口规模增长

积极淘汰落后产能企业,加快改造传统产业、淘汰落后产能、大力发展高新技术产业,带动高素质的就业人口流入。建议坪山区每年开展落后产能企业情况调查分析,根据企业发展状况、土地利用效率等,明确坪山区"十四五"期间目标淘汰企业,分批淘汰、清退。通过落后产能企业淘汰行动,释放土地空间,为坪山区重点产业发展搭建优质载体平台,实现"腾笼换鸟"。

营造创新创业氛围,快速集聚一批创新创业人才。针对坪山区重点发展产业,发挥坪山区新能源(汽车)、生物产业、生命健康、机器人、新一代信息技术等产业优势,辅之产业用房、创新创业资金等优惠政策,营造优质创新创业氛围,集聚一批创新创业人才和创客群体。

二、加快发展优质商业生活、公共服务等配套,营造优质宜居氛围,促进人口人才扎根

优质商业生活服务业、公共服务配套是提高生活便利性、营造良好生活环境的重要内容,直接影响流入人口居留意愿。由于坪山区仍处于工业主导发展阶段,从前面对批发和零售业从业人员、住宿和餐饮业从业人员、商业服务业从业人员等发展状况分析可以发现,坪山区商业发展、公共服务配套水平方

面仍相对落后。为此,需要加快优质商业生活等配套,重点布局打造优质商圈和商业生活综合体,并依据坪山区人口发展趋势,布局配套高水平教育、医疗等公共服务资源,增强城市功能、提升城市形象,以实现城市宜居宜业目标。

在商业生活配套方面,需要重点完善商场、便利店、银行网点等商业配套设施。经梳理分析目前的商业配套设施、主要酒店布局、金融配套设施布局等方面情况,发现坪山区商业等生活配套设施不足,城市商业配套功能较为薄弱。从大型商业配套来看,现有大型零售店铺经营商品类型或提供服务较为单一,基本上以传统的超市/百货、专业店经营为主,较难满足居民对吃、喝、玩、乐及购物等"一站式"、中高端的商业服务需求;坪山区目前规模较大的文化娱乐设施相对较少,配套较为薄弱。从金融证券布局情况来看,工农中建交等五大国有银行在坪山区设立的支行网点较少,导致市民前往网点办理业务等待时间过长,完全不能满足现有以及未来坪山区人口需求。需要根据人口分布情况,积极引导大中型商业综合体、便利店、银行网点等生活配套设施布局在六联、六和、秀新、坪山、南布、江岭等人口集聚区,以及聚龙山片区等企业集聚区,完善城市服务功能,提升人口生活满意度和居留意愿。

人口老龄化专题

第五章　新时代广东省人口老龄化趋势及应对策略

导言： 长期以来，广东省常住人口规模快速增长，是全国人口增加最快的省份之一，完成了人口转变，人口再生产类型进入现代生育模式时期，人口年龄结构转为老年型，抚养比呈现降低趋势，仍为较好的人口年龄结构，抚养负担处于较轻阶段。"两个阶段"目标下，广东省人口老龄化持续加深，2035年前进入老龄化社会，2050年前进入重度老龄化社会。面对严峻的人口老龄化形势，未来广东省在积极应对人口老龄化方面也存在诸多挑战：顶层设计不完善，政策性障碍难以突破；老龄化程度不断加深，老年人健康状况向差；区域发展不均衡，为应对人口老龄化带来困难。未来需要积极把握人口老龄化程度还不严重的时期，继续强化积极应对人口老龄化与创新驱动发展、乡村振兴等战略深度融合，形成积极应对人口老龄化物质基础和制度保障。

21世纪人口老龄化是全球趋势。进入新时代，我国人口发展的主要矛盾已经从人口数量过快增长转化为人口结构挑战，老龄化成为人口结构矛盾的主要挑战。党的十九大报告提出，要积极应对人口老龄化，构建养老、孝老、敬老政策体系和社会环境，推进医养结合，加快老龄事业和产业发展。广东省是我国常住人口规模最大且规模过亿的省份，目前已进入人口老龄化社会，2019

年 65 岁及以上人口比重达到 9%。当前,应对人口老龄化仍然是一个难题、未解之谜。广东省提出要努力在全面建成小康社会、加快建设社会主义现代化新征程上走在前列,意味着广东也需要在积极应对人口老龄化方面作出自身的探索和实践。认识广东人口发展态势,广东经济社会发展基础,对广东制定完善人口发展战略、积极应对人口老龄化具有重要意义。

第一节 广东省人口老龄化发展历程与现状

对全省人口规模、结构发展历程与现状进行分析,是认识广东人口变动规律的基础,也是把握广东未来人口老龄化发展趋势的关键。1949 年以来,尤其是改革开放以来,广东省人口发展特点突出。

一、常住人口规模快速增长,是全国人口增加最快的省份之一

1949 年,广东省常住人口规模为 2782.72 万人,随后持续增长,尤其是 20 世纪 90 年代以来加速增长,2009 年突破 1 亿人,2019 年达到 11521 万人,70 年间人口规模快速膨胀,净增加人口超过 8700 万人,翻了两番,目前仍然保持持续增长势头(图 5.1)。

分阶段考察,在改革开放以前,常住总人口增长比较平稳,年均增加量在 100 万人以内,20 世纪 50 年代年均增加量为 62.23 万人,20 世纪 60 年代为 91.08 万人,20 世纪 70 年代为 84.15 万人。改革开放后,广东省成为全国经济发展最快、最有活力的地区,吸引了大量人口流入,常住总人口年均增加量不断扩大,20 世纪 80 年代为 111.86 万人,20 世纪 90 年代为 136.06 万人,进入 21 世纪以来的年均增加量达到 187.07 万人。根据第五、第六次全国人口普查数据,2000—2010 年,广东省的年均人口增长率为 2.08%,比同期全国平均水平(0.70%)高出将近两倍,是全国人口增加最快的省份之一。2019 年末,广东常住人口比上年增加 175 万人,增长超过 1.0%,仍然保持较快增长

态势。

（单位：万人）

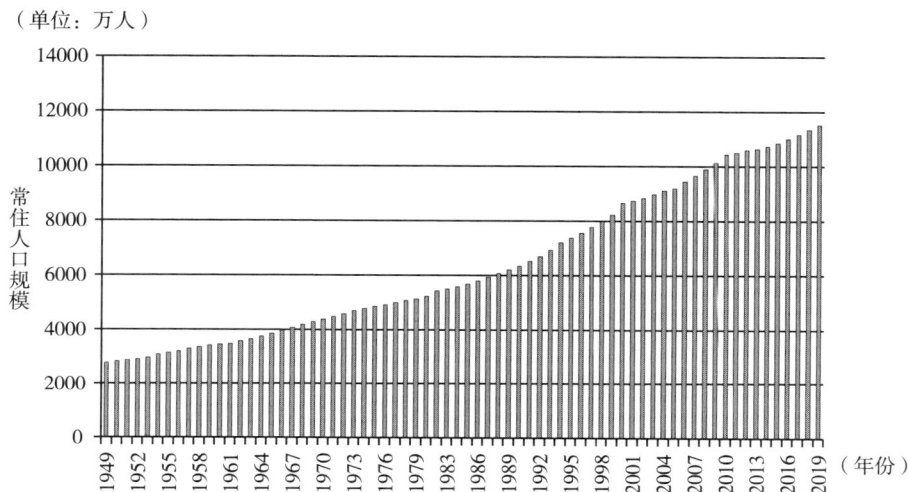

图 5.1 1949—2019 年广东省常住人口变动情况

数据来源：历年广东统计年鉴。

二、人口转变完成，人口再生产类型进入现代生育模式时期

从人口自然增长情况来看，广东人口出生水平不断降低，进入了人口出生率和死亡率的低位均衡时期，人口转变完成。考察 70 年来的人口自然增长数据，广东省的人口转变主要经历了三个阶段（图 5.2）。

一是人口转变中的前期阶段（1949—1969 年），人口死亡率率先下降，从 20 世纪 50 年代初的 15‰迅速降至 20 世纪 60 年代末的 5‰—6‰，人口出生率保持 30‰以上的相对高位，人口自然增长率处于 25‰左右的较高水平。

二是人口转变中的后期阶段（1970—1991 年），人口死亡率依然保持在相对低位，人口出生率从 30‰以上降至 20‰以下，人口自然增长率从 25‰左右降至 15‰左右。

三是人口转变基本完成阶段（1992 年至今），人口出生率持续缓慢下降，2011 年下降到只有 10.45‰，随后伴随着生育政策的调整，人口出生率略有回升,2017 年回升至 13.68‰。人口死亡率进一步下降到 5‰以下。人口自然增长率在 6‰—7‰范围内。综合判断,当前广东省人口再生产类型开启了"低出生率、低死亡率和低自然增长率"的现代模式时期。

（单位：‰）

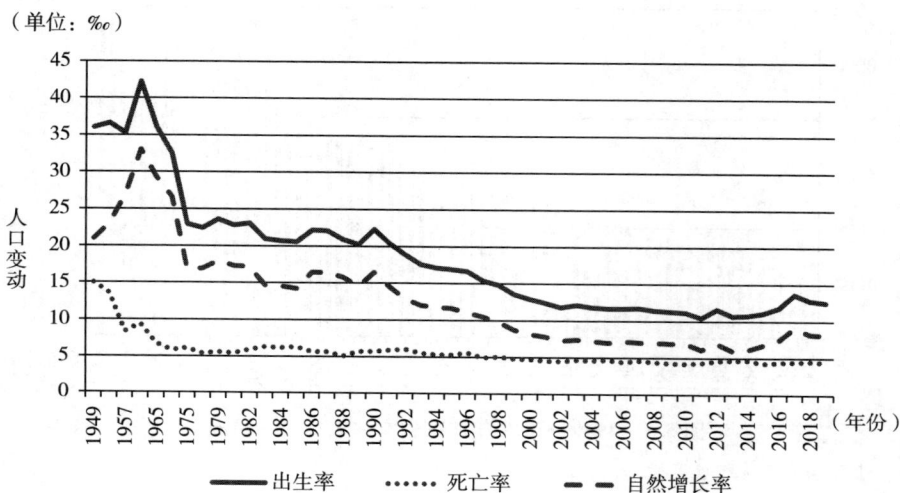

图 5.2　1949—2018 年广东省人口出生、死亡和自然增长率变动情况
数据来源:历年广东统计年鉴。

三、老年人口规模不断增长,是改革开放初期的三倍

根据广东省历次人口普查和抽样调查,广东省老年人口规模持续增长。1953 年,广东省 65 岁及以上人口规模仅为 114.8 万人,1964 年突破 200 万人,1982 年为 321.9 万人,2000 年达到 587.3 万人,2017 年达到 962.8 万人（图 5.3）。2019 年,广东省老年人口规模是 1982 年的 3 倍左右。老年人口规模甚至比西部一个省份的总人口还要多。可见,广东省老年人口规模增长之快、规模之大。

四、人口年龄结构转为老年型,仍为较好的人口年龄结构

根据广东省 2010 年人口普查数据,常住人口的老龄化水平为 6.79%。

（单位：万人）

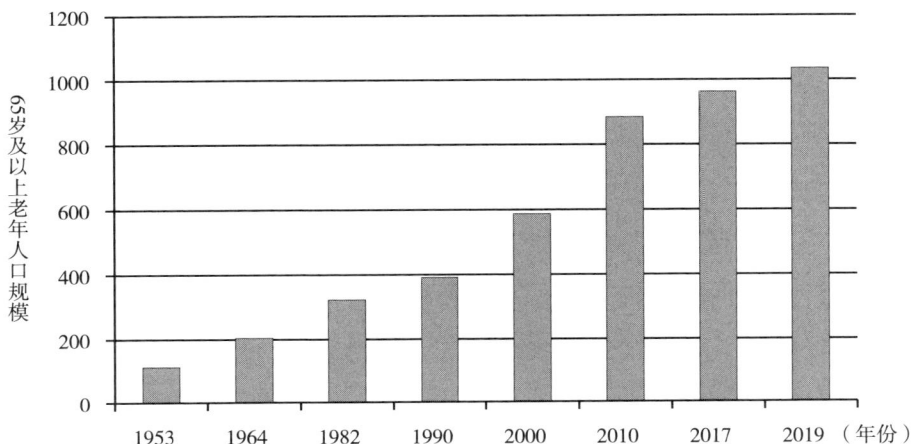

图 5.3　1953—2019 年广东省 65 岁及以上老年人口规模变动情况

数据来源：历年广东统计年鉴。

2019 年，广东省人口变动情况抽样调查显示，常住人口的老龄化水平为 9%（表 5.1）。按照国际常用标准判断，全省常住人口完成成年型向老年型过渡，进入老龄化社会。

　　在经济高速增长的拉力下，迁移流动人口的主体是劳动力人口（指 15—64 岁人口），约占迁移流动人口总量的 90% 以上，而少儿人口（指 0—14 岁人口）和老年人口（指 65 岁及以上人口）占比不足 10%，迁移流动人口对常住人口年龄结构影响巨大。迁移流动人口不仅降低了常住人口老龄化程度，还有效减缓了人口老龄化进程，2000—2010 年，广东省常住人口老龄化水平从 6.17% 提高至 6.79%，只增加了 0.62 个百分点，而同期的全国人口老龄化水平从 7.10% 提高至 8.92%，增加了 1.82 个百分点，广东省人口老龄化增速仅相当于全国平均水平的 1/3。相比全国而言，广东省人口老龄化程度明显较轻，劳动力比重明显较高，仍是较好的人口年龄结构。

表 5.1　1964—2019 年广东省人口年龄结构变化

年份	人口年龄结构（%）			
	总人口	0—14 岁	15—64 岁	65 岁及以上
1964	100.0	41.51	54.64	3.85
1982	100.0	33.61	60.93	5.46
1990	100.0	29.91	64.14	5.94
2000	100.0	24.11	69.72	6.17
2010	100.0	16.88	76.33	6.79
2015	100.0	17.37	74.15	8.48
2017	100.0	17.21	74.17	8.62
2019	100.0	16.28	74.72	9.00

数据来源：①广东省 1964 年、1982 年、1990 年、2000 年、2010 年人口普查资料；②《2015 年广东省 1%
人口抽样调查资料》；③2017 年、2019 年广东省人口变动情况抽样调查资料。

五、常住人口抚养比呈现降低趋势,抚养负担处于较轻阶段

从人口抚养负担来看,1964 年以来,全省总人口抚养比呈持续下降趋势,从 1964 年以来的 83.01 降至 1990 年的 55.90,到 2000 年和 2010 年进一步降至 43.43 和 31.00,并自 1995 年前后开始降至 50 以下,2019 年为 33.83,抚养负担处于较轻阶段(表 5.2)。

广东省总人口抚养比下降主要是源于两方面原因:一是受劳动力型流动人口影响,劳动年龄人口占比持续上升,从 1964 年的 54.64% 升至 2010 年的 76.33%;二是在人口计划生育政策作用下,妇女生育率下降,出生人口数锐减,少儿人口占比大幅降低,从 1964 年的 41.51% 降至 2010 年的 16.88%,相应地,老少比从 9.27 升至 40.23。广东省总人口抚养负担不断降低,使得人口机会窗口始终保持开启状态,为全省社会经济可持续发展创造了良好的人口环境。

表 5.2　广东省人口抚养比变化（15—64 岁 = 100）

年份	少儿抚养比	老年抚养比	总抚养比
1964	75.96	7.05	83.01
1982	55.17	8.96	64.13
1990	46.64	9.27	55.90
2000	34.58	8.85	43.43
2010	22.11	8.89	31.00
2015	23.43	11.44	34.87
2017	23.21	11.62	34.83
2019	21.79	12.04	33.83

数据来源：①广东省 1964 年、1982 年、1990 年、2000 年、2010 年人口普查资料；②《2015 年广东省 1%
人口抽样调查资料》；③2017 年、2019 年广东省人口变动情况抽样调查资料。

第二节　广东省人口老龄化趋势测算分析

以广东省人口普查数据、人口抽样调查数据为基础，修正整合预测基年数据，并考虑 2013 年实施"单独两孩"政策、2016 年实施"全面两孩"政策等因素的影响，选择队列要素预测方法，采用通用人口预测软件 PADIS-INT 进行人口预测，对 2020—2050 年广东省人口未来发展进行测算。需要说明的是，较长时间段的广东省人口老龄化测算仅为趋势性。主要测算结果与分析如下。

一、常住人口规模变动：先增长后缓慢下降

2050 年前，广东省常住人口规模将表现为先增长后下降。根据预测中方案，2020 年常住人口规模为 1.15 亿人，2030 年为 1.25 亿人，2034 年开始缓慢下降，2050 年下降至 1.20 亿人。这意味着，在"两个一百年"奋斗目标下，在第一个 15 年期间（2020—2035 年），广东省人口规模仍然会保持增长态势，在第二个 15 年期间（2035—2050 年），广东省人口规模呈现缓慢下降，但依然是人口大省。预测低方案和高方案均表现为相似的特征，即常住人口规模先增

长后下降,仅是常住人口规模下降年份略有差异。总体来看,广东省常住人口规模在 2035 年前实现负增长,2050 年前仍保持在 1.2 亿人以上(图 5.4)。

（单位：万人）

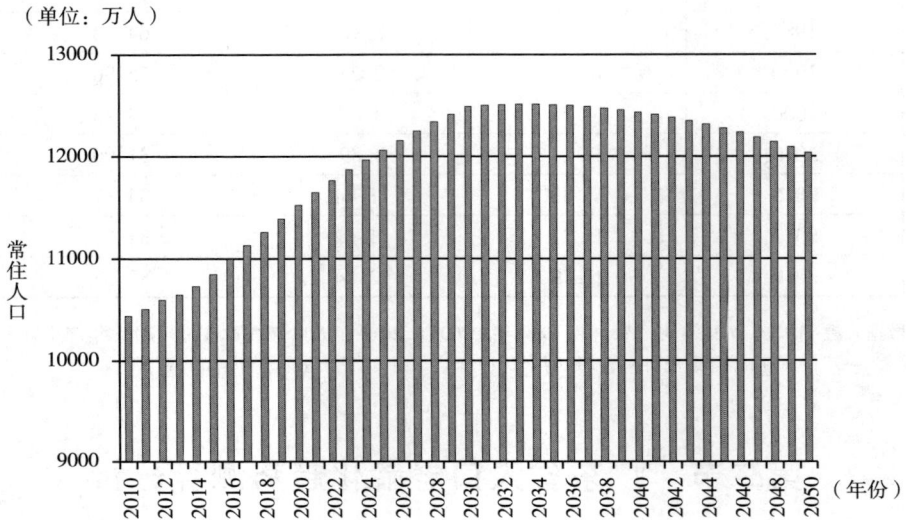

图 5.4　2010—2050 年广东省常住人口变动趋势

数据来源：根据测算所得。

二、劳动年龄人口变动:先增长后缓慢下降

2050 年前,广东省 15—64 岁常住劳动年龄人口规模将表现为先增长后下降。根据预测中方案,2020 年 15—64 岁常住劳动年龄人口规模为 8660 万人,2030 年为 9119 万人,之后开始下降,2035 年为 8862 万人,之后继续下降至 2050 年的 7200 万人(图 5.5)。比较来看,广东省劳动年龄人口下降略早于常住人口,这与人口发展规律相符。劳动年龄人口和常住人口减少,将会对经济社会发展带来较大挑战。同样,预测低方案和高方案均表现为相似的特征,即常住劳动年龄人口规模先增长后下降,仅是常住劳动年龄人口规模下降年份略有差异。总体来看,广东省常住劳动年龄人口规模在 2035 年前实现负增长,2050 年前仍保持在 7200 万人以上。需要说明的是,对于人口活跃度高

的广东省而言,人口变动较大地受到经济发展、制度改革、人才政策等影响,常住人口和劳动年龄人口规模变动的峰值和规模皆有可能有所变动。

（单位：万人）

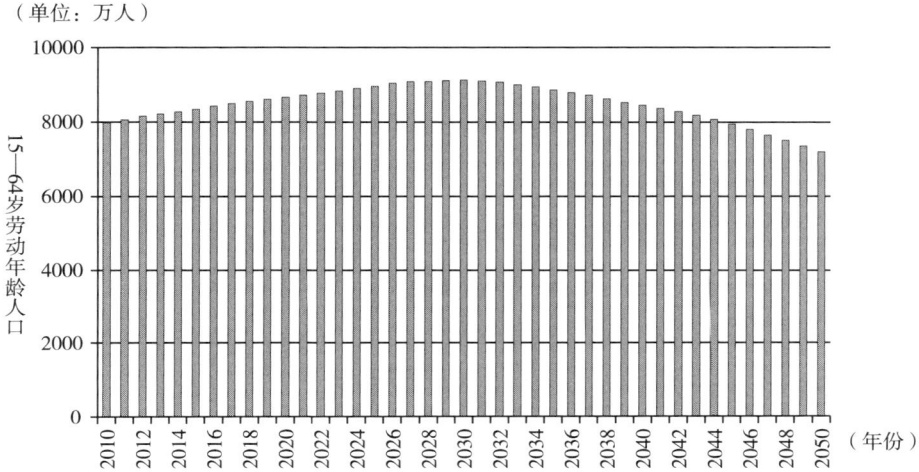

图 5.5　2010—2050 年广东省 15—64 岁劳动年龄人口变动趋势

数据来源：根据测算所得。

三、人口老龄化变动态势:持续老化

2050 年前,广东省老年人口规模持续增长。根据预测中方案,2017 年 65 岁及以上老年人口规模为 962.6 万人,2020 年为 1037 万人,2030 年达到 1624.3 万人,2035 年达到 2251.5 万人,之后继续提高,2050 年将超过 3700 万人(图 5.6)。

2050 年前,广东省人口老龄化程度持续加深。根据预测中方案,2020 年 65 岁及以上老年人口比重为 9.2%,2030 年达到 14%,进入老龄化社会,2035 年达到 18%,之后继续提高,2037 年超过 20%,进入重度老龄化社会,2050 年达到 31%,人口老龄化形势越来越严峻。低方案和高方案预测结果接近,主要是受到外来人口流入的影响,老年人口比重略有差异(图 5.7)。总体来看,广东省人口老龄化持续加深,2035 年前进入老龄化社会,2050 年前进入重度老龄化社会。

（单位：万人）

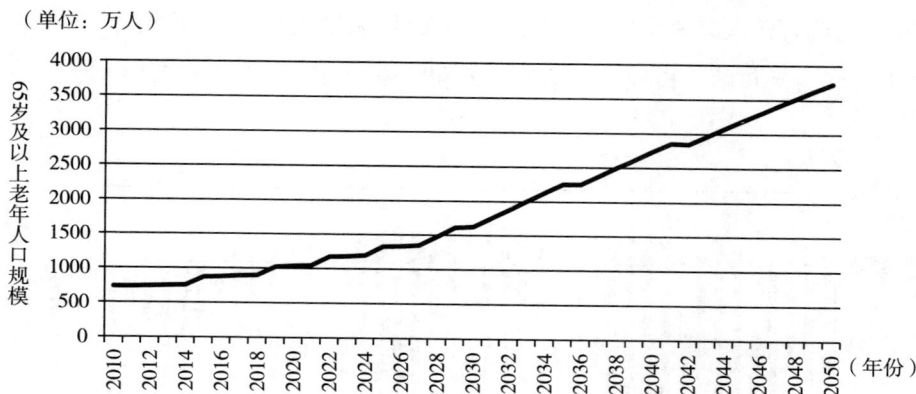

图 5.6　2010—2050 年广东省 65 岁及以上老年人口规模变动趋势

数据来源：根据测算所得。

（单位：%）

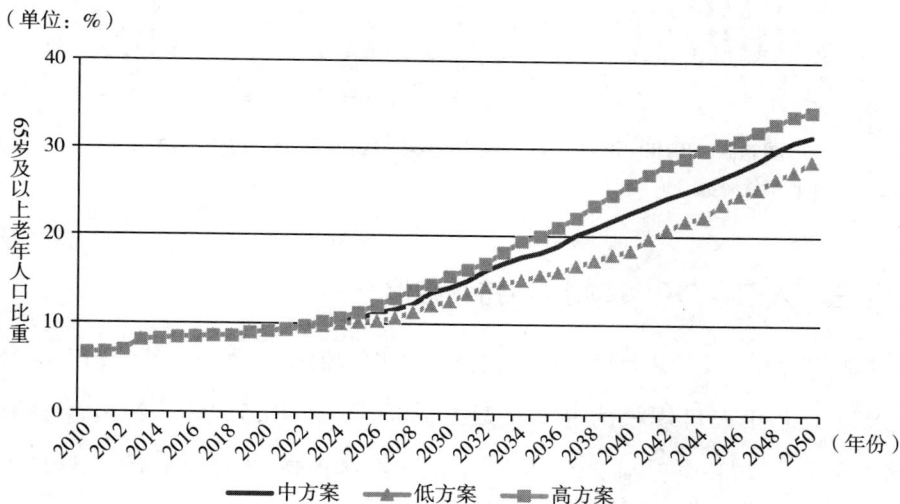

图 5.7　2010—2050 年广东省 65 岁及以上老年人口比重变动

数据来源：根据测算所得。

第三节　广东省积极应对人口
老龄化的基础与挑战

改革开放以来，广东省经济社会发展取得了历史性成就、发生了历史性变革,尤其是 21 世纪以来,人民生活从温饱迈向小康,城乡居民收入水平和富裕程度显著提高,社会保障能力明显提升。但随着人口老龄化程度不断加深,未来广东省积极应对人口老龄化还面临诸多挑战。

一、积极应对人口老龄化的基础

广东省拥有良好的积极应对人口老龄化基础,包括自然资源、生态环境、经济社会发展等。

（一）自然资源丰富,生态环境良好

广东地处祖国大陆最南部,地貌类型复杂多样,有山地、丘陵、台地和平原,属于东亚季风区,从北向南分别为中亚热带、南亚热带和热带气候,是全国光、热和水资源较丰富的地区。

全省河流众多,以珠江流域（东江、西江、北江和珠江三角洲）及独流入海的韩江流域和粤东沿海、粤西沿海诸河为主,集水面积占全省面积的 99.8%。全省水资源时空分布不均,夏秋易洪涝,冬春常干旱,平均水资源总量 1830 亿立方米,其中地表水资源量 1820 亿立方米,地下水资源量 450 亿立方米,地表水与地下水重复计算量 440 亿立方米。

2017 年,全省 21 个地级以上市空气质量达标天数比例在 77.3%—99.2%之间,平均 89.4%;对 21 个地级以上市 79 个在用集中式供水饮用水水源水质开展监测,水源水质达标率为 100%。良好的自然生态环境,是人类宜居发展的基础条件。

（二）经济取得长足发展,人民生活水平不断进步

改革开放以来,广东省经济持续高速发展（图 5.8）。1979—2018 年,地区生产总值年均增长达到 12%（按可比价格计算）,2018 年,地区生产总值为 9.73 万亿元。经济总量先后在 1998 年超越新加坡、2003 年超越中国香港、2007 年超越中国台湾,经济总量成功赶超了亚洲"四小龙"中的三小龙。2018 年,广东省人均地区生产总值达 86412 元,比全国平均水平多 21769 元,达到

同期中等偏上收入国家或地区平均水平。

（单位：亿元）

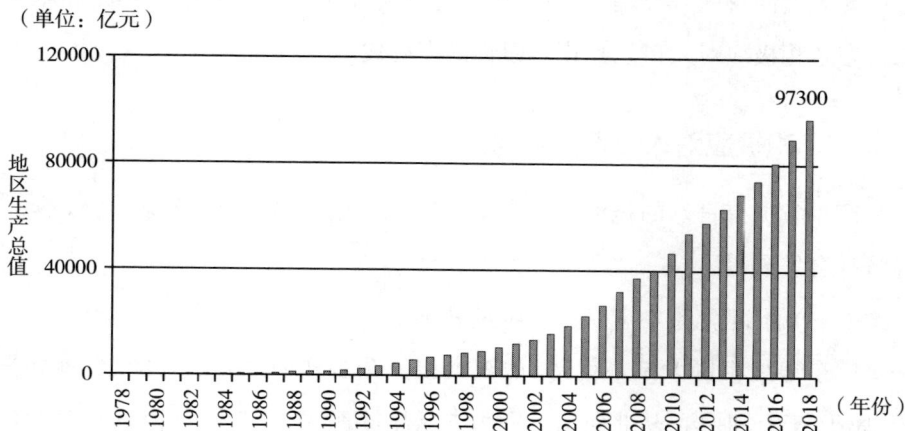

图5.8　1978—2018年广东省地区生产总值

数据来源：《广东统计年鉴2019》。

广东省人均收入水平不断提高（图5.9）。2018年,广东省城镇常住居民人均可支配收入44341.0元,比上年增长8.2%;农村常住居民人均可支配收入17167.7元,比上年增长8.8%。收入不断增长,带来广东消费不断升级,人民生活需求从"温饱"向"品质"转变,市民家庭衣、食、住、行、用等方面的消费都在升级,呈现出多元化、个性化、品质化的趋势。

（三）医疗卫生水平不断提高,老龄事业稳步推进

改革开放以来,广东省不断健全公共卫生体系,大力更新医疗设备,积极改善医疗卫生条件,医疗卫生水平进一步提高,全面建成了覆盖城乡的医疗卫生服务网络。全省医疗机构数不断增长（图5.10）,截至2018年底,全省医疗卫生机构5.15万个,其中,医院1553个,卫生院1193个,社区卫生服务机构2602个,村卫生室2.6万个。

医疗机构服务能力不断提高,硬件设施配备不断健全,机构床位数不断增加（图5.11）。截至2017年底,全省医疗机构拥有床位49.2万张,其中,医院39.3万张（包含民营医院7.9万张）,卫生院6.0万张,妇幼保健机构2.3万

（单位：元）

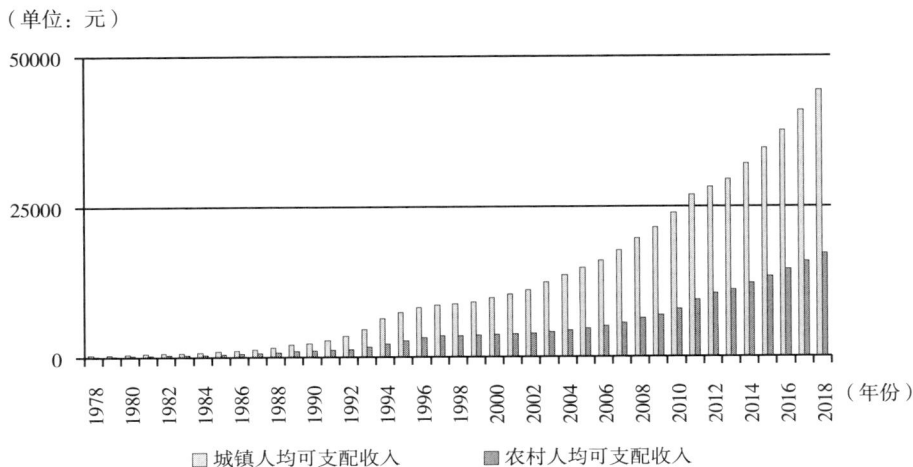

图 5.9　1978—2018 年广东省城镇人均可支配收入、农村人均可支配收入

数据来源：《广东统计年鉴 2019》。

（单位：万个）

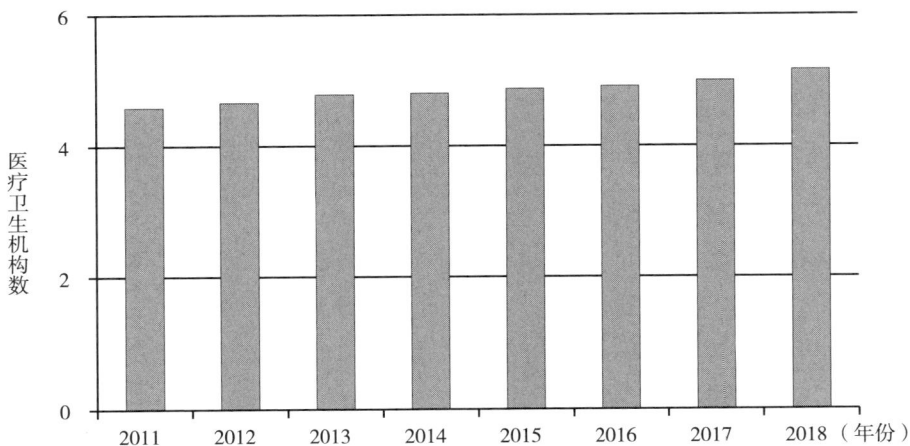

图 5.10　2011—2019 年广东省医疗卫生机构数

数据来源：《广东统计年鉴 2019》。

张,专科疾病防治机构 0.6 万张,社区卫生服务机构 0.9 万张。

近年来,广东省还积极提升基层医疗卫生服务能力,提高基层医疗的可及性,出台《广东省基层卫生人才队伍建设三年行动计划（2018—2020 年）》等

（单位：万张）

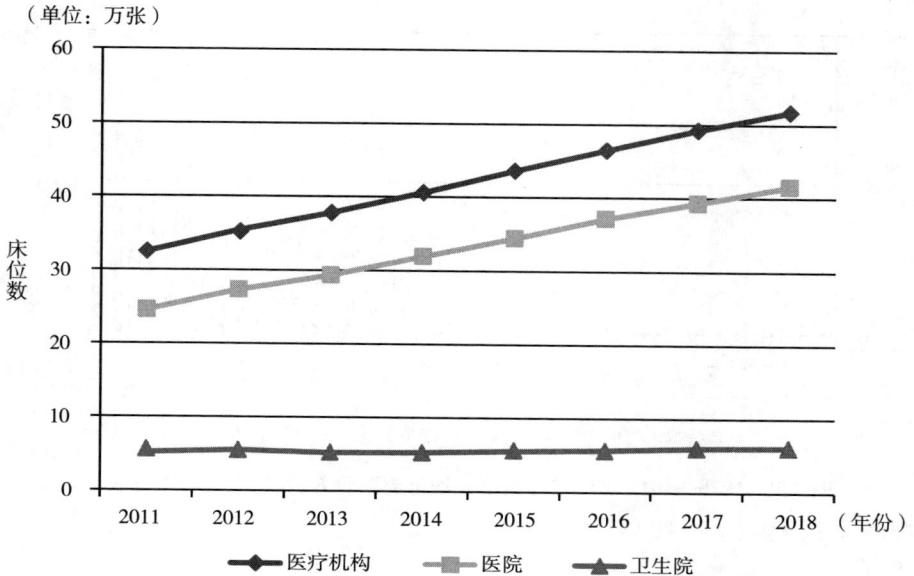

图 5.11　2011—2018 年广东省医疗卫生机构床位数

数据来源：《广东统计年鉴 2019》。

一系列政策文件,提升医务人员在常见病、多发病的诊疗,预防保健、康复与慢性病管理,专科疾病危重情况应急处理等方面的能力水平,为社区、居家养老提供了医疗、康复等健康服务保障。

全省老龄事业稳步推进。充分发挥政府主导作用,修订了《广东省老年人权益保障条例》,出台了《关于加快发展养老服务业的实施意见》《养老服务体系建设"十三五"规划》《促进老龄事业发展和养老体系建设实施方案》《关于全面放开养老服务市场提升养老服务质量的实施意见》等一系列政策文件。积极发挥社会力量的主体作用,鼓励和支持社会各界积极参与养老服务体系建设,初步建立起了以居家为基础、社区为依托、机构为补充、医养相结合的多层次养老服务体系。

广东省持续实施城市居家养老服务示范项目和农村养老服务"幸福计划"项目,创新居家养老服务模式,积极推行"互联网+居家和社区养老",搭建全省居家养老信息化服务平台,积极推进医养结合和长期照护保险等国家级试点。截至 2018 年底,全省共有养老机构 2033 家,养老床位总数达到 46.9 万张;城乡社区养老服务设施达到 5.1 万个,城市社区养老服务覆盖率达到 97.3%,农村达到 89.3%。

二、积极应对人口老龄化的挑战

广东省是人口大省,人口老龄化形势呈现出人口基数大、发展趋势快等特点。虽然经济社会发展条件基础较好,老龄事业向好发展,然而面对人口老龄化,依然有诸多挑战。

（一）顶层设计不完善,政策性障碍难以突破

近年来,广东省不断出台应对人口老龄化的政策制度,推动老龄事业和养老服务发展,但仍然面临顶层设计不完善、养老服务体系建设滞后等问题。目前,广东省初步建立起了以居家为基础、社区为依托、机构为补充、医养相结合的多层次养老服务体系,但养老服务政策法规体系仍需进一步完善,涉及内容尚需进一步充实细化。比如,根据调研,目前养老服务行业利润低,普遍亏损,由于融资难、成本高、环境差等问题,社会资本投入积极性不高,鼓励社会资本参与的支持性政策有待加强和完善。长期护理保险制度亟待建立。

另外,政策碎片化现象严重,一些养老服务业政策法规衔接不够,配套建设、土地规划、扶持资金、购买服务、公建公营等方面的政策落实不到位,如广深等大城市存在养老服务设施建设用地供给不足、非营利性养老机构划拨用地难等问题。

（二）老龄化程度不断加深,老年人口健康状况向差

毫无疑问,老年人口规模增加会带来医疗服务和养老服务需求增长。2050 年前,广东省老年人口规模将持续增长。2020 年 65 岁及以上老年人口规模为 1037 万人,2030 年达到 1624.3 万人,2035 年达到 2251.5 万人,之后继续提高,2050 年将超过 3700 万人,是 2020 年的 3.6 倍。老龄化程度也将继

续加深,2030 年达到 14%,进入老龄化社会,2050 年已是重度老龄化社会。可见,未来广东的老年人口规模将会保持持续增长,尤其高龄老年人口,将会形成更大的养老服务和老年人医疗服务需求,给现行养老和健康体系带来严重挑战。

老年人口健康状况总体向差。2010 年,广东省不健康(包括不健康但生活能自理、生活不能自理)的比例为 9.93%,2015 年达到 11.41%,表现出明显上升的态势(表 5.3)。随着老年人口规模的不断增长,失能与部分失能老年人数不断增加,势必会形成日益增长的医养结合需求,但护理床位缺口较大,医疗资源相对不足,这将会形成较大的医养结合供需压力。

表 5.3 广东省 60 岁及以上老年人口的健康状况 (单位:%)

年份	健康	基本健康	不健康但生活能自理	生活不能自理
2010	51.46	38.29	8.45	1.48
2015	46.77	41.55	9.97	1.44
5 年增减	4.69	3.26	1.52	−0.04

数据来源:①广东省 2010 年人口普查资料;②《2015 年广东省 1%人口抽样调查资料》。

(三)区域发展不均衡,为应对人口老龄化带来困难

由于历史因素,长期以来受到经济、社会和自然资源等诸多因素的综合影响,区域之间、城乡之间发展不平衡不充分是广东基本省情和突出短板。主要表现在:一是广州、深圳等珠三角地区大城市基本公共服务资源配置明显优于粤东、粤西和粤北等地区;二是城乡基本公共服务资源供给也存在明显差异。城乡区域经济发展差距较大,2017 年,粤东西北地区的地区生产总值增速(6.7%)低于珠三角 1.2 个百分点,占全省比重(20.3%)比上年下降 0.2 个百分点。

各地区老龄化程度差异大,老年人口主要分布在广州、深圳、东莞、佛山等地,为应对人口老龄化带来挑战。部分城市老龄化程度较高,比如梅州、阳江、潮州等市人口老龄化程度达到 16%以上,广州一个城市的老年人占全省比重达到 12.44%。

各个城市的老年人的健康状况差异较大(表 5.4),比如深圳老年人口不

健康但生活能自理的比例仅有 4.01%,而汕尾、潮州、揭阳、湛江、茂名、阳江等地区均在 10% 以上,同时这些欠发达地区的医疗、养老等公共服务供给却远远不及深圳等珠三角发达地区,存在明显的供需不匹配矛盾。

表 5.4　2015 年广东省分地区 60 岁及以上老年人口健康状况 （单位:%）

地区		健康	基本健康	不健康但生活能自理	生活不能自理	老年人口比例	老年人口占全省比重
珠三角	广州	55.15	36.66	6.35	1.84	12.39	12.44
	深圳	65.44	28.12	4.01	2.43	4.98	10.49
	珠海	54.21	37.82	6.52	1.48	10.52	1.51
	佛山	64.11	29.15	5.41	1.33	10.70	6.85
	江门	50.23	40.66	7.87	1.22	17.70	4.17
	肇庆	41.33	43.45	11.84	1.51	15.17	3.74
	惠州	45.11	43.45	9.76	1.70	9.81	4.38
	东莞	58.20	34.12	5.81	1.88	6.03	7.61
	中山	51.21	38.62	6.57	3.61	9.28	2.96
粤东	汕头	50.43	39.92	8.25	1.40	13.61	5.21
	汕尾	36.72	50.28	10.99	2.00	12.49	2.79
	潮州	44.79	42.93	10.88	1.39	16.21	2.43
	揭阳	35.89	48.41	13.49	2.21	13.28	5.58
粤西	湛江	44.12	40.22	14.12	1.53	14.01	6.67
	茂名	39.37	45.83	13.26	1.54	14.91	5.60
	阳江	35.54	45.12	17.63	1.70	16.54	4.38
粤北	韶关	45.31	43.30	9.71	1.68	16.26	2.70
	梅州	40.25	47.59	10.50	1.65	18.10	4.00
	河源	26.09	54.81	17.14	1.96	14.41	2.83
	清远	42.24	26.84	9.48	1.44	15.24	3.53
	云浮	39.01	45.60	13.68	1.67	15.53	2.27

数据来源:《2015 年广东省 1% 人口抽样调查资料》。

城乡发展差异显著,农村养老服务供给体系薄弱。城市社区基本都有居家养老服务设施,而农村居家养老服务设施建设存在较大缺口。城市养老在保障"三无"老人、低保家庭老人的基础上,福利补贴已向其他老年人群延伸,农村养老基本还局限于"五保"、低保对象。城市社区提供的服务已逐渐向日间照料、长期护理、医疗康复等扩展,而农村多数还是提供单一的助餐和老年活动服务。农村地区医疗和养老的设施、人才等不足,短期内难以完全满足农村老年人的医养结合需求。相比城市老年人,农村地区的高龄和失能老人的身体状况较差,他们需要"养",更需要"医",加快推进农村医养结合养老模式的探索势在必行。

第四节　部分发达国家应对人口老龄化的经验和做法

日本、德国是两个重度老龄化国家,在应对人口老龄化方面做了非常多的探索和实践。为此,选取日本、德国两个国家,梳理应对人口老龄化的经验和做法。主要从发展经济和养老服务保障两个方面进行梳理。

一、日本

日本在应对人口老龄化方面,不仅强调不断完善社会保障的法律制度,重视家庭和社区社会保障,同时也非常重视通过科技创新、开发老年人力资源来应对人口老龄化。

（一）完善社会保障制度

在政策规划上,规划战略和法律先行。不仅日本中央政府对养老事业发展有相关规划,每个地方政府也有相关规划,而且制定了相关法律,保障老年人权益。截至目前,日本已出台了十余部关于养老护理服务的法律。

在社会保障上,建立了较为完善的社会保障体系。为满足越来越多的老年人的护理需求,日本从 2000 年起开始实施介护保险制度,强制规定国民从 40 岁开始缴纳介护保险,65 岁及以上需要护理的老人、40 岁以上未满 65 岁因特定疾病而需要护理的居民,都可享受介护保险提供的照顾和护理,形成了包括"养老保险、劳动保险、医疗保险、介护保险"在内的社会保险。

在老年医疗上,注重老年疾病的预防。日本早期实施免费老年医疗制度,因财政负担加重,1982 年开始实施《老人保健法》,规定年满 40 岁以上的国民都可免费享受疾病的预防诊断、检查等服务,70 岁以上的老年人则可享受免费医疗。2008 年又出台"高龄老年人医疗制度",规定如果 75 岁以上老年人的年收入超过 370 万日元,需要个人承担 30% 的医疗费。为减轻日本医院床位紧张的压力,2014 年日本实施"诊疗报酬"制度,对紧急出诊业绩较多的医疗机构增加报酬,并大幅削减医院重症患者的床位,推动医疗体制向"偶尔住院、基本在家接受医疗服务"的方向转型。

在养老服务上,大力推动小规模多功能社区的养老服务模式。一方面,日本积极鼓励医疗机构办理介护机构,参与介护;另一方面,鼓励养老院与周边医院合作。

在住房上,建立老年公租房体系。为实现老有所居,对于房地产企业建设的专供老年人使用的集合住宅,政府征用后,租给老年人居住并给予一定的房租补贴。地方住宅供给公社出资建设老年人住宅,专供 60 岁以上的老年家庭使用,并以押金方式提供使用权。鼓励企业建立私立或公益性养老院和护理机构,并实施土地、税收和政府金融机构给予的长期低息贷款等优惠政策。

在人员培训上,积极鼓励社会人员从事护理行业,并对护理行业实施对外开放政策。日本一些大学设立了护理人员培训专业,招收应届高中毕业生,进行为期 3 年的学习,并享有补助金。为缓解护理人员紧张的压力,日本对护理行业实施较为开放的政策,先后与菲律宾等签署协议,引进外籍护士。

（二）推动科技创新发展

自 20 世纪 90 年代以来,日本经济增长长期维持在低水平,科技创新在应对人口老龄化和促进经济平稳增长方面起到了举足轻重的作用。1995年,日本提出"科技创新立国"战略,强调自主创新的重要地位,全面加强基础科学研究和高新技术创新投入,以增强经济社会发展动力。

以2006年为分界点,此前日本科技创新发展领域主要针对高新技术及产业应用,此后创新发展扩展至全社会各领域,重视通过科技创新应对解决社会发展问题。自此,日本于2006年、2011年和2016年分别出台了三期的《科学技术基本计划》。基本计划提出,通过创新重点发展医疗、看护、健康服务等产业,发展全新的预防疾病的措施和方法、早期诊断方法等,以及提高高龄患者、残疾患者的生活质量等。2014—2017年,日本连续出台了4年的《科学技术创新综合战略》,分别提出建设领先国际社会的健康长寿社会,超智能社会的深化和推进等等,提出实施科技创新战略的具体措施,如支持健康医疗领域技术创新、建立超智能社会平台等措施。

(三)老年人力资源开发

近年来,日本还非常重视老年人力资源开发,积极出台鼓励和帮助老年人就业政策。为确保60—70岁之间愿意就业的老年人能够再就业,2013年日本制定《继续雇佣制度》,规定企业有义务保证老年人就业、废除对招聘年龄的限制。并在每一个城市建立"老年人才中心",给老年人提供临时、短期就业机会。出台《高龄者雇佣稳定法》鼓励老人再就业,禁止60岁以下退休,确保65岁之前高龄者受到雇佣,改进和打造方便高龄者再就业的环境,设置"银发人才中心"等专职机构来促进老年人才资源的开发和利用。2021年4月,日本正式实施修改后的《老年人就业稳定法》,规定企业有义务为65—70岁的老人提供继续就业的机会。

二、德国

人口老龄化使德国在养老、医疗方面的社会保障压力持续增加。一项统计显示,德国在2000年时,是4.5个职工负担1个退休者,到2040年,将变成

2个职工负担1个退休者。2010年,德国三级公共财政加上社保基金的赤字总计为820亿欧元,占GDP比重的3.3%。为应对人口老龄化,减轻财政压力,德国采取了一系列措施。

（一）改革社会保障制度

伴随人口老龄化的加深,德国推行"里斯特"改革,降低第一支柱(法定养老金),使其逐步回归"基本保障",通过直接补贴、税收延缴、税收优惠来增强资本积累型的第二支柱(企业补充保障)和第三支柱(个人补充保障),以满足"维持退休后生活水准"这个更高一级的保障需求,使原来单一的法定养老保险制度发展成为多支柱的养老保险体系。另外,还积极发展长期护理保险。目前,长期护理保险成为德国继养老保险、医疗保险、事故保险、失业保险四大险种之后的"第五大支柱"险种,所有医疗保险的投保人都要参加护理保险,保险资金由政府、企业、个人和医疗保险机构四方负担,政府承担1/3以上。

（二）推动科技创新发展

德国是全球制造业中最具竞争力的国家之一。面临人口老龄化、工会力量强大、高福利和经济增长乏力等压力,亟待通过信息化、自动化和智能化来减少对人工的依赖,进一步提升劳动生产率和企业的盈利能力。

2006年,德国发布了《国家高技术战略》,重点发展健康与医学等17个重大关键技术领域。2010年,德国进一步整合优势资源,推出了《国家高技术战略2020》,重点资助战略性新兴技术,提高制造业信息化、自动化和智能化水平,以及促进创新成果产业化。2011年1月,德国工业科学联盟(Industry-Science Research Alliance)提出了工业4.0战略,工业4.0是在传统制造的基础上运用物联网等数字科技,建立一个高度灵活的个性化和数字化的产品与服务的生产模式。2012年,德国政府推出《高科技战略行动计划》,计划从2012年至2015年投资约84亿欧元,以推动在《德国2020高科技战略》框架下10项未来研究项目的开展。

（三）老年人力资源开发

延长退休年龄。2013年,德国提出,未来15年强制退休年龄从65岁提高到67岁,未来再把退休年龄延长到70岁。德国联邦议会工作组提出实施一项"年龄税"建议,即每个年满25周岁的德国人按照收入比例缴纳一定金额以建立储备金,保障未来不断上升的养老金支出。

（四）人口移民政策

自2005年起,德国政府为了刺激经济、引进外资而开放了投资移民政策,如果投资德国并能给德国带来益处,公司运行3—5年后就颁发绿卡。另外,德国还重视人才移民。"德蓝卡"政策规定,专业人才工作合同年薪最低从过去的6.6万欧元减少为约4.6万欧元;而人才短缺的行业,如自然科学、工程师、IT人才及医生等,最低年薪门槛降为3.5万欧元。近年来,德国政府采取了比较宽松的难民政策,使德国成为欧盟最大难民接收国,也在一定程度上缓解了德国的人口平衡问题。

第五节　积极应对人口老龄化的策略建议

习近平总书记提出,要加强人口发展战略研究,积极应对人口老龄化。党的十九届五中全会提出,积极应对人口老龄化国家战略,将应对人口老龄化上升至国家战略,这对新时代人口发展提出了更高的要求。新时代广东省人口发展的主要矛盾已经发生变化。长期以来,人口发展的主要矛盾体现为人口过快增长对经济社会发展的压力,控制人口数量增长成为人口政策的核心内容。未来几十年,广东省人口总量压力退减,人口结构性问题日益突出,将逐渐超越人口数量压力成为人口发展面临的主要挑战。老龄问题将由"凸显"逐渐发展到"最为突出",对广东省经济、政治、文化、社会以及生态文明的发展将产生深刻和长远的影响。

当前,广东省积极应对人口老龄化仍处于起步阶段,就如何将人口老龄化转化为经济社会发展的有利因素还处在探索阶段。老龄化问题不仅仅是老年人口增长、老年人养老的问题,更多的是在全面建成小康社会、加快建设社会主义现代化新征程上,将积极应对人口老龄化与创新驱动发展、乡村振兴、可持续发展等重大战略和举措深度融合,实现在发展中积极应对人口老龄化。

一、深化与老龄化相关的科技创新,支撑经济可持续发展

深化与老龄化相关的科技创新战略规划。伴随着经济进入新常态,经济增长已由高速增长转变为中高速增长,需要积极把握人口老龄化程度还不严重的时期,尤其是在进入重度老龄化社会之前,积极推动科技创新和制度改革,推动经济迈入高质量发展。广东省是科技创新强省,科技创新已然成为经济增长的重要动力源泉。要加强战略规划,探索科技创新应对人口老龄化,将积极应对人口老龄化融入经济社会发展全局统筹谋划,在依靠科技创新来积极应对人口老龄化方面对其他落后省份起到表率作用。把握新时代老年人对美好生活的需求,认识老龄社会中旺盛的老年护理、健康需求,以及老年人经济社会参与需求的科技创新规划,加强科技创新应对人口老龄化中长期战略规划和落实,构建与人口老龄化相适应的现代化经济体系。

积极发展机器人、大数据、现代信息技术等产业集群应对人口老龄化。如今的老年人与以往的老年人大不相同,未来的老年人会更加不一样,对家政服务、健康服务、数字化社会、信息网络有了明显差异化的需求,要加快研发应用于家庭服务的机器人、老人智能移动辅助产品等。围绕老年失能失智、残障人士、医疗康复、功能发挥等需求,我国要加强服务机器人、手术机器人、护理机器人、智能康复辅具等智能养老产品的科技研发与应用。推动医疗健康领域的数据共享应用,探索建立与老年人相适应的智慧健康养老城市。

二、继续完善与老龄化相适应的健康养老制度,满足老年人健康养老服务需求

党的十九届五中全会提出,积极应对人口老龄化国家战略,要推动养老事业和养老产业协同发展,健全基本养老服务体系,发展普惠型养老服务和互助性养老,支持家庭承担养老功能,培育养老新业态,构建居家社区机构相协调、医养康养相结合的养老服务体系,健全养老服务综合监管制度。建议加快整合社区、农村的公共服务资源,加强对家庭养老功能的建设。统筹面向城乡老年人的公共基础设施、生活服务设施、医疗卫生设施和文化体育设施,建设社区公共服务"一站式"服务机构,优先发展针对老年人等群体提供特色服务。加快建设社区居家养老中心、托老所等养老服务机构,优先为失能失智老人、高龄老人提供服务。立足广东省经济发展阶段,优先在珠三角地区建立符合民众需求的长期护理保险制度,重点面向高龄老人、失能和部分失能老年人。

针对贫困家庭、计生特殊家庭、残疾人家庭、留守老人家庭等,妥善解决他们的生活照料、养老保障、大病治疗和精神慰藉等问题。重点推进医养结合,促进医疗卫生机构和养老机构合作,发挥医养机构在健康、养老服务功能方面的双重优势。整合和完善老年医疗卫生服务体系,加强老年群体健康管理服务,推进失能老人等特殊老年人群的照料服务。鼓励医疗卫生机构与养老服务融合发展,重点发展居家入户服务,发挥好社区卫生服务中心和村卫生室作用,推动医疗卫生服务延伸至社区、家庭。加强老年病医院、康复医院、护理院和综合性医院老年病科建设,推进老年卫生公共服务资源均等化。大力推进"互联网+医疗健康",形成老年人医疗卫生服务可及、便利模式。

三、深化改革与老年人相关的人口政策制度,促进发挥家庭养老的基础性功能

广东省是人口流入大省,拥有大规模的流动人口,这带来了大量的家庭分

离,形成了相当规模的独居老人、空巢老人、流动老人。加快完善老年人随迁落户政策,鼓励低龄老年人可自愿随子女迁移户口,促进参与社会发展,依法依规享受迁入地基本公共服务。针对流动老人的心理健康和慢性病管理等问题,加强对留守老人的关爱帮扶和健康教育,做好流动老人、返乡流动人口社会保险、基本医疗卫生服务的接续。鼓励老年人随子女迁移,促进家庭团聚,支持成年子女与老年父母共同生活,强化子女赡养老年人的职责和动力,巩固和增强家庭养老功能。

充分认识和把握人口迁移流动新趋势、新特点,加强对流动老人、留守老人人口学特征、健康服务需求的监测分析。持续开展广东省积极应对人口老龄化战略研究,及早研究、前瞻谋划老龄领域重大问题。继续整合完善计划生育家庭各项奖励扶助政策,实行扶助标准动态调整,在社会保障、集体收益分配、就业创业、新农村建设等方面予以倾斜。加强对计划生育奖励和扶助政策宣传,使广大群众深刻了解各项奖励扶助政策,增加政策执行的透明度和知晓度,切实做到符合条件的家庭政策全覆盖。加强老龄科学基础研究,完善老年人口监测调查,掌握老年人需求变化,推进老年人相关服务高质量发展。

四、继续推进老年宜居环境建设,形成科学的现代老龄观

构建养老、孝老、敬老的社会环境,建设适老居住、出行、就医、养老等的物质环境和包容、支持老年人融入社会的文化环境。将老年宜居环境建设纳入城乡建设总体规划,修订完善城乡规划建设法律法规、政策规范和工程建设标准,促进城乡规划建设与老年宜居环境建设相适应。以家庭、社区、行政村为主阵地,加强老年文化建设,弘扬敬老、养老、助老的社会风尚。建设老年人社会参与支持环境,鼓励老年人在老年期为社会发展贡献力量。

在全省持续开展老龄国情教育,开展积极老龄观教育、健康老龄化教育、

维护老年人合法权益的法制教育和普法宣传工作。开展死亡基本知识教育、死亡与生命教育,从优生到优死,使人活得更有尊严、生命更有质量,促使人们形成文明科学的现代生死观,促进关爱老年人的意识和老年人的自爱意识提升,使积极应对人口老龄化的社会氛围更加浓厚。

第六章　广东省社区居家医养结合的实践与优化

　　导言：在社会主义现代化建设的征途中，广东省人口老龄化将不断加深。健康养老成为老年人个体、家庭以及整个社会高度重视的重要议题，如何让更多的老年人实现健康养老摆在了每个老年人、家庭和整个社会面前。家庭和社区养老作为养老服务体系的重要组成部分，需要我们重点推进社区居家健康养老服务供给，实现医疗卫生服务和养老服务的融合，让更多的老年人实现健康养老。广东省大力推进健康老龄化工作，出台了一系列促进医养结合发展的政策措施，探索了不同形式的社区居家医养结合服务模式，包括医疗卫生机构开展养老服务模式、养老机构增设医疗服务机构模式、医疗机构与养老机构协议合作模式、医疗养老服务进社区、进家庭模式等。当前，广东省社区居家医养结合仍然面临一系列的问题和挑战，尤其在资源整合、标准规范、基础设施和人才队伍方面，未来需要继续推进医养结合模式创新、发挥社会辐射作用，在推动农村医养结合服务发展和创造良好社会环境方面持续发力。

　　人口老龄化已经成为广东省的重要省情。2019 年，广东省 65 岁及以上老年人口规模超过 1000 万人，占总人口比重为 9.0%，已经进入人口老龄化时代。预计在社会主义现代化建设进程中，广东省老年人口规模将进一步扩大，

2035 年达到 2251.5 万人,之后继续提高,2050 年将超过 3700 万人。人口老龄化程度不断加重,2030 年达到 14%,进入老龄化社会,2035 年达到 18%,之后继续提高,2037 年超过 20%,进入重度老龄化社会,2050 年达到 31%,人口老龄化形势越来越严峻。随着我国老龄化日趋严重,健康养老成为老年人个体、家庭以及整个社会高度重视的重要议题,如何让更多的老年人实现健康养老摆在了每个老年人、家庭和整个社会面前。

进入新时代,满足健康养老服务需求是老年人追求美好生活需求的重要内容。党的十九大报告指出,积极应对人口老龄化,构建养老、孝老、敬老政策体系和社会环境,推进医养结合,加快老龄事业和产业发展。党的十九届四中全会指出,加快建设居家社区机构相协调、医养康养相结合的养老服务体系。这些为我们未来健康养老工作指明了重要方向。家庭和社区养老作为养老服务体系的重要组成部分,需要我们重点推进社区居家健康养老服务供给,实现医疗卫生服务和养老服务的融合,让更多的老年人实现健康养老。

第一节　社区居家医养结合的提出与发展

伴随着我国人口老龄化,政府、社会、个体对人口老龄化形势带来的健康养老服务问题认识日渐深刻。面对日益严峻的人口老龄化形势,广东省不断调整完善健康养老服务体系,促进满足老年人美好的健康养老生活需要。

一、国家社区居家医养结合发展历程

自 20 世纪 80 年代中期以来,国家提出了"社会福利社会化"的设想,到 21 世纪初期提出构建"以居家为基础、社区为依托、机构为支撑"的养老服务体系。

2013 年以来,国家医养结合政策频繁出台,为医养结合发展指明了方向。2013 年 9 月,国务院发布《关于加快发展养老服务业的若干意见》《关于促进

健康服务业发展的若干意见》《关于推进医疗卫生与养老服务相结合的指导意见》《关于制定和实施老年人照顾服务项目的意见》，对医养结合做了顶层设计。此后，国家一系列规划文件均重点阐述医养结合的发展，比如《全国医疗卫生服务体系规划纲要（2015—2020 年）》《"健康中国 2030"规划纲要》《"十三五"国家老龄事业发展和养老体系建设规划》《"十三五"卫生与健康规划》《"十三五"健康老龄化规划》等。这些文件提出了我国养老服务体系的建设目标为"以居家为基础、社区为依托、机构为补充、医养相结合"，明确了居家、社区、机构三者之间的基本关系。

党的十九大提出了"推进医养结合，加快老龄事业和产业发展"，再到党的十九届四中全会调整完善为"加快建设居家社区机构相协调、医养康养相结合的养老服务体系"，我国的养老服务体系更加完善、日趋成熟。这一养老服务体系符合我国老年人养老意愿，同时明确了医养在社区居家中的重要作用。

从我国养老服务体系发展历程来看，主要经历了两个阶段：一是新世纪以前的社会服务社会化的阶段，我国人口年龄结构年轻化，养老问题并不明显，职工退休依靠养老金养老，农村老人主要依靠子女和自身积累，并且主要为居家养老；二是新世纪以来的养老服务体系探索完善阶段，伴随着老龄化程度不断加深，老年人口规模日益增长，老年人养老、健康问题日益突出，国家不断建立完善与人口老龄化相适应的养老服务体系。

与新世纪之初的养老服务体系相比，目前我国养老服务体系把握应对人口老龄化的重要问题，即推动医养结合发展，提升老年人健康水平，同时也强调了居家社区在养老服务体系中的重要地位。另外，2016 年国家卫生健康部门先后试点两批 90 个医养结合试点城市，要求地方积极探索医养结合的不同模式。在政府、市场和社会等各方力量的推动下，医养结合实践全面铺开，居家和社区健康养老服务体系建设正如火如荼地进行。

二、近年来广东省社区居家医养结合发展历程

党的十八大以来,广东省把保障老年人基本健康养老需求放在首位,大力推进健康老龄化工作,出台了一系列促进医养结合发展的政策措施。从健康规划来看,在国家健康发展总体规划下,广东省制定出台了本省的卫生健康领域内的规划文件,如《"健康广东 2030"规划》《广东省"十三五"健康老龄化规划》。

从政策措施来看,广东省强调要发展包括健康养老服务相关产业在内的健康服务业,出台了《关于建设卫生强省的决定》《关于加快发展养老服务业的实施意见》《广东省促进健康服务业发展行动计划(2015—2020 年)》,还积极落实国家关于"推动医疗卫生与养老服务融合发展"的重大政策措施,出台了《广东省促进老龄事业发展和养老体系建设实施方案》《关于促进医疗卫生与养老服务相结合的实施意见》《关于全面放开养老服务市场提升养老服务质量的通知》,明确提出:鼓励符合条件的医疗卫生机构与民办社会福利机构建立合作共建机制,鼓励执业医师到民办社会福利机构依法开办的医疗卫生机构多点执业。

在社区居家养老服务发展方面,推动养老服务业和养老服务标准化建设。按照统一的养老服务需求和质量评估标准,统一老年人照顾需求等级评估制度,推动评估结果在机构养老服务和社区居家养老服务中的互认。全面拓展居家养老服务内涵,为老年人提供生活照料、助餐配餐、医疗护理、康复保健等多层次、专业化服务。实施养老助餐配餐提升工程,优化提升"市中心城区 10—15 分钟,外围城区 20—25 分钟"的助餐配餐服务网络,融入医疗护理、精神慰藉、心理调适等医养结合服务内涵。这些具体的政策,对社区居家医养结合工作起到了积极的推动作用。

各个地级市积极落实国家和省有关政策,出台相关落实方案和指导意见,开展社区居家医养结合工作,成为国家医养结合试点城市。截至 2020 年 10

月,全省共有医养结合机构 298 家,比 2019 年度增加了 78 家。纳入医保定点的医养结合机构共 172 家。①

三、社区居家医养结合的内涵

随着国家对老龄化国情的深化认识以及国际老龄化的相关应对,养老服务体系中更加强调了健康的重要地位,提出加快推动医养结合发展,同时明确了社区居家的养老主体地位。医养结合是在当前我国人口老龄化的发展趋势下,保障老年人健康养老的重大举措。它不仅结合传统的单纯为老年人提供基本生活需求的养老服务,还将为老年人提供健康医疗服务摆在了更加重要的位置,养老服务与健康服务相结合,切实保障老年人"老有所养"以及"病有所医"。

社区居家医养结合强调了在社区养老和居家养老的同时,将健康医疗服务覆盖社区和居家,使得在社区和居家养老的老年人也能享受到健康医疗服务。社区居家医养结合强调了以家庭为主体、社区为依托,旨在将社区的养老和医疗资源进行有效整合和对接,将原来碎片化、单一化的养老服务转变为系统化、功能完备的"医养结合"服务,为社区和居家的老年人提供健康检查服务、医疗康复护理服务、健康咨询等健康服务,以及精神心理服务、生活照顾服务、文体活动服务等养老服务。社区作为连接居家老人和养老服务供应方的重要平台,不仅需要为在社区养老的老年人提供健康养老服务,还要能够为居家老人提供多样化、多层次的健康养老服务。

第二节　广东省社区居家医养结合主要实践

经过多年的积极探索,在国家的大力指导下,广东省结合实际、整合资源,

---

① 《广东医养结合发展"成绩单"出炉　医养结合机构达 298 家　172 家纳入医保定点》,广东省人民政府网。

探索了不同形式的社区居家医养结合服务模式,包括医疗卫生机构开展养老服务模式、养老机构增设医疗服务机构模式、医疗机构与养老机构协议合作模式、医疗养老服务进社区、进家庭模式等,为老年人提供日益完善的健康养老服务,受到了广大老年人的青睐,收到了良好的社会效果。

一、依托医疗卫生机构提供医养结合服务模式

社区卫生服务中心是开展医养结合服务的重要阵地,也是推动医养结合重要模式创新发展所在。广州市在《关于深入推进医养结合工作的若干措施》等政策文件中明确了以社区卫生服务综合改革为主线,深入推进了社区卫生服务中心发展医养结合服务模式,使医疗资源下沉到社区养老服务。

案例1:社区卫生服务中心开展医养结合服务

广州市越秀区白云街社区卫生服务中心位于广州市越秀区东南隅,覆盖1个街道办事处,9个居委会,服务面积3.25平方公里,现常住人口为47016人,约19793户。中心梳理出主要的公共卫生问题,充分整合社区资源,以居家为基础、社区为依托、机构为支撑、医养相结合,促进养老服务与医疗康复互动发展,统筹推进养老服务多元体系建设,切实保障社区老年人"老有所养"和"老有所医"。

探索建立以东湖新村"健康e站"为延伸阵地,整合家庭医生团队、医联体专科团队及社工资源,探索"全科+专科+社工""一二三健康服务"模式。利用智能化健康采集、评估、自助签约服务、健康素养学习自测等手段,为做实家庭医生签约服务赋能,使社区居民享有更便捷、更贴心的健康服务。家庭医生服务团队为居民提供基本医疗服务和公共卫生服务,并提供家庭病床、出诊等服务;与辖内养老院开展医养结合服务,技术指导护理站开展居家养老服务。截至2020年6月,中心全人群签约17775人,签约覆盖率37.81%。为辖区65岁以上常住老年人建档5397人,提供免费健康检查1858人,老年人健

康管理率 22.75%，并为辖区特殊退休人员提供耆乐医养健康管理个性包服务。

依托社区卫生服务中心，以各自社区为圆心，以老年人健康需求为导向，推动医疗资源辐射社区和居家老年人，同时向养老领域的生活照料、康复护理和精神慰藉等服务辐射。各个社区卫生服务中心积极整合资源，不断拓展服务内涵、创新服务形式，借助现代互联网、大数据等科技手段，探索了社区居家、"互联网+"、社区医疗与养老相融合等服务形式，全效提升个性化医养结合服务。

二、设立医养结合机构模式

深圳市是一座年轻的城市，然而在人口流动和人口老龄化浪潮下，深圳市老年人口规模日益增长，越来越多老年人对养老机构的需求不仅是"养"，还要"医"。作为经济发展水平较高的城市，深圳承担了较多相关领域的国家试点。2016 年 9 月，深圳被列为第二批国家级医养结合试点单位，努力探索医养结合多种模式。2019 年，深圳被确定为国家第二批安宁疗护试点城市，深圳市人民医院、深圳市第二人民医院、中山大学附属第七医院、香港大学深圳医院等 8 家医院被纳入试点单位。

设立医养结合机构立足整合医疗和养老资源，为在机构内老年人或辐射周边社区老年人提供医养结合服务。对入住医养结合机构的老人，医养结合的医生及护士提供床边医疗服务，情况严重时，可直接转入医院住院，做到"小病不离床，大病不出院"。对居家养老的老人，医养结合会为他们建立健康档案，设家庭病床，由家庭医生服务团队上门提供医养服务，同时由专科护士提供伤口造口、气道管理的专业指导。这种模式在深圳罗湖区做了较好的探索。

案例2：深圳市罗湖区设立老年病医院模式

2014年，罗湖区率先起步进行"医养结合"的探索，成立罗湖区医养融合老年病医院（以下简称"老年病医院"），实现了在医疗养老一体化基础上的个性化"医养融合"服务。在保持民政部门主管社会养老框架不变的前提下，区民政、卫健等部门打破行政壁垒，整合区内医疗资源以及公办养老资源，在福利中心内部设立了老年病专科医院——老年病医院。这也是全国首家以福利院中心养老老人服务为主的老年病专科医院。

老年病医院制定了《深圳市医养融合服务规范》，从专业医疗服务角度规定医养结合的服务标准。目前，设有翠岭社区健康服务中心、翠宁老年人日间照料中心和鹤年居家养老服务中心，集老年医学、社区卫生、日间照料、短期托养、上门访视、养老等功能为一体，四个机构采取由老年病医院统一行政管理的方式运行。老年病医院于2018年8月设立了1000多平方米的"关爱病区"，逐步形成了以老年病医院为中心，以区属社区健康服务中心为网络，以罗湖区人民医院肿瘤科、疼痛科为支持，延伸至居家、日照中心及养老机构，组成一个多元化的安宁疗护服务体系。

三、养老机构融合医疗健康服务模式

针对养老机构内的老年人，各地积极探索养老机构融合医疗健康服务，与就近的医疗卫生机构开展多种形式的签约合作，或者通过服务外包、委托经营等方式，由医疗卫生机构为入住老年人提供医疗卫生服务，提升养老机构内的照护等健康服务功能。

目前，各地积极推动养老机构与医院、社区卫生服务机构建立合作关系，将养老机构与医疗卫生机构的优势互补，建立养老机构便利就医绿色通道，为老年人提供连续、全流程的医疗卫生服务。广东省正在努力实现所有养老机构能够以不同形式为入住老年人提供医疗卫生服务，所有医疗机构开通为老年人提供挂号、就医等便利的绿色通道,为老年人提供舒适的就诊环境和优质的健康养生养老服务。

案例3：广州市祈福护老公寓融合医疗健康服务模式

2009年,祈福集团成立祈福护老公寓,经过十年的运营摸索,依托祈福医院率先推行医养结合模式,不断完善和改进服务质量,探索适合长者的养老服务及管理模式,祈福已成为广东地区知名"医养结合"的养老公寓。祈福护老公寓医养结合的主要特色是以祈福医院为依托,人才、资源实现双向共享,有助于扩大护老公寓的医疗服务覆盖面,实现快速救治、专业护理,提升服务能力。

祈福护老公寓以医为基础,养为核心,打通了养老机构与医院之间资源的割裂状态,构建综合性健康服务体系。入住护老公寓的长者大部分都是年纪偏大、身体机能下降、有认知障碍、合并多种基础疾病,或术后需要疗养康复,护理工作重点在于做到时刻关注身体及心理状况的变化、留意康复进度、做好生活照料等。祈福护老公寓与祈福医院实现人才共享,引进祈福医院多名科室专家,定人定点长期驻扎护老公寓,医护并肩守护,为长者的健康保驾护航。不定期邀请养生专家举行老人健康知识讲座,为长者指导保健养生;保健医师定期上门检查,为长者提供必要的检查、相关的用药和治疗指导;专业医技人员根据老人情况实施功能锻炼,加强对长者的常见老年病、慢性病的健康指导和综合干预。

四、医疗与养老服务的企业整合模式

2018年底,广州市60周岁及以上老年人口169.3万人,占户籍人口的18.25%,老年人口总量大、增长快,老龄化与高龄化、空巢化、失能化、家庭小型化"五化叠加",养老服务需求持续增长。广州市持续抓好社区居家养老服务顶层设计,以老年人服务需求为导向,推进社区居家健康养老服务供给侧结

构性改革,构筑全覆盖、多层次、多支撑、多主体的社区居家健康养老服务体系。

目前,广州市社区养老服务设施覆盖率100%,社会力量举办和运营的社区养老服务设施占比超过85%,超过18.4万名老年人享受社区居家养老服务,占老年人口的10.8%,全覆盖、多层次、多支撑、多主体的养老服务格局基本形成,养老服务品牌化、连锁化、专业化、规模化发展态势更加明显,10分钟社区居家养老服务圈逐步形成。推动医疗卫生资源进机构、社区和家庭,鼓励社区卫生服务中心、社区护理站等与65周岁以上常住居民签约家庭医生服务,为社区居家服务机构、老年人提供卫生健康服务。

案例4:远海健康整合医疗与养老服务

远海健康是中远海运(广州)有限公司的旗下品牌,以多种形式的"医养结合"服务为特色,以医院为依托逐渐建立了养老服务的核心模式——综合性二级甲等医院、护理型养老院、社区嵌入式养老服务综合体、社区居家养老服务中心以及社区护理站等多种运营模式,有效衔接养老服务业态的各个环节,形成以老人服务需求为导向,以多方位、多层次的"嵌入式养老服务综合体"为服务载体的养老模式。

目前,运营管理一家医院、两家养老院、两个社区居家养老服务平台,同时开展机构和居家长期护理险试点业务,以机构养老带动社区居家养老服务,推动医养服务融合发展。其中,一家医院,即广州新海医院;两家养老院:广州新海颐养苑和广州江南颐养苑;两个社区居家养老服务平台:滨江街社区居家养老服务中心和昌岗街社区居家养老服务中心;以及广州中远海运健康管理有限公司江南护理站。

五、中医特色医养结合服务模式

中华民族的养老模式离不开中医药。目前,各地建立了中医院等,较多的医疗机构也设立了中医药科室,正在积极发挥中医药在群众中信赖度高的优势,推进以中医药健康养老为特色的护理院、疗养院等医养结合机构建设,以及居家养老中的健康服务。发挥中医养生保健、治未病的特色优势,通过体质辨识、针灸推拿、药膳调理等方式,改善老年人亚健康状态,防治老年病、慢性病;融合中医药辨证论治的理念,提供个性化、有针对性的养老服务。广东省积极借助岭南文化特点,各地积极利用医院优势,发挥医院中医科室作用,创新中医药医养结合服务模式,为广大老年群众提供中医健康服务。

案例 5:湛江市第二中医医院中医药医养结合服务模式

湛江市第二中医医院护老院创建于 1996 年,是广东省首批以医院为依托的养老机构之一。2012 年,湛江市第二中医医院护老楼,将原来旧的护老院迁移过来,并配备了适应社会的发展和满足老人的设备设施。目前已增至 170 张床位,每天的入住老人均在 170 人以上。目前,护老院配备老年病专业的医务人员 39 名,其中高级职称人员 3 名,中级职称 10 多名,护师 2 名,护士 18 名,护理工 45 名,并配备营养师及基础的医疗保健康复设施,设有健身室、浴室、营养室、娱乐室、餐厅、治疗室等。

护老院面向湛江市及周边地区,主要接纳那些患有常见老年病需要治疗康复护理的老人。针对每位老人的体质及需要,提供专业的特色中医护理及治疗康复服务。医疗团队运用价格便宜的中医中药治疗法,采用红花酒精擦洗、浸泡患处,为老人床上抹浴、床上洗头,协助大小便等。为了不断将医养结合的护老事业推向深入,医院多年来曾先后委派医务人员 50 多人次到香港各养老机构培训学习,吸收新的经验及技术,不断更新和改进护老院的康复服务。

第三节 存在的问题与挑战

广东省人口老龄化日益加深、家庭功能弱化,老年人健康养老需求更加追求个性化、品质化。当前,广东省医养结合发展起步时间不长,社区居家养老服务发展缓慢,尽管拥有较强的经济基础,但在提供社区居家医养结合服务方面仍然存在不少的问题和挑战。

一、推进医养资源融合缓慢,社区辐射居家养老能力明显不足

目前,医养结合工作涉及多个政府部门,与民政、卫生、人社、财政、城建、消防部门都有密切联系,其中最为重要的两个部门是卫生健康和民政。多年来,广东省在不断深化改革过程中,两个部门在"医养结合"的推进中出台了许多政策,尽可能消除对医养结合工作"多头管理、各自为政"的矛盾,但实际工作中仍然存在两者有效结合难度较大的问题。由于"部门壁垒"因素所致,医疗护理服务和涉老服务存在条块分割,服务设施、服务队伍、运行机制等相互独立,养老资源与医疗资源整合缓慢,两者"各自为政"现象明显。粤东西北等欠发达地区和农村地区医疗资源和养老资源缺乏,医养结合基础薄弱。

居家、社区和机构的关系有待进一步明晰,居家养老、社区养老缺乏专业社会服务支持,也缺乏完整的公共政策体系支持,影响了社区居家医养结合服务发展。社区作为连接居家养老和养老服务机构的重要平台,社区层面支撑社区居家医养结合不足。虽然社区嵌入式医养结合养老模式逐渐得到重视,但社区医养结合养老服务机构的医养结合程度还处于较低水平。社区的专业照护和居家支持功能发挥明显不充分,在社区层面缺乏有效嵌入的健康养老机构,向居家养老、社区养老延伸明显不足。

二、尚未制定医养结合服务标准规范,养老服务机构可持续性不强

广东省已经搭建了居家社区机构的养老服务体系政策框架,高度重视建设健康养老服务体系,但还未制定医养结合机构管理、社区医养结合中心建设、上门医疗服务等制度规范,也还未出台居家养老的日间照料、餐饮助行、家

庭病床服务内容等健康养老服务标准规范,以及家庭医生签约服务等补贴政策,医疗保险没有制定相应的服务项目、收费标准和支付政策等,相关政策法规体系有待统筹完善。养老机构纳入医保政策在落实上限制太多,目前很多民营养老院因为资金少或规模小,达不到硬件、人员方面的要求,被挡在了医保的门外,医养结合融合难。

城市养老机构床位收费普遍较高,40%成本为房租地价,普通工薪阶层家庭难以负担。城市养老服务机构投资和运营成本高,投资回收期较长,普遍亏损,还未形成普惠性的运营模式,而且开展服务项目范围小,严重制约了社区居家养老服务体系建设。再加上医养结合补贴政策内的上门医疗照护项目偏少,营利性机构与非营利性机构政策不明晰,且补贴标准与市场成本价格相差较大,居家医养结合服务在法律上定位不明,也都影响了社区层面为社区居家老年人提供优质的养老服务。

三、社区居家医养结合的基础医疗设施不完善,服务内容较为单一

医养结合重在将医疗资源与养老资源相结合,更好地为老年人提供健康养老服务,在探索实践过程中,发现依托于原有的卫生资源或养老资源为基础,拓展"医"或"养"的功能方面还存在基础设施建设不完善状况。比如,以养老服务机构为基础建设的社区医养机构,"医"方面还存在明显的基础设施建设不完善,还缺乏一些基本的应急抢救设备,缺乏对失能、半失能老人特殊护理和康复设备等;而以社区卫生服务机构为基础建设的医养机构,在日常生活照护、家政服务、无障碍设施、文化娱乐设施等方面也相对缺乏。

社区居家层面的医养结合服务供需矛盾突出,服务供给内容较为单一,难以满足当前居家和社区老年人健康养老的个性化需求。社区医养结合机构主要提供健康咨询、健康知识讲座等服务,在康复护理、医疗保健、临终关怀等方面还明显不足,还没有广泛拓展延伸到老年人的文化娱乐、饮食健康、社会经

济活动参与等。多数医养结合机构都为老年人建立健康档案,但是缺乏完善的健康管理体系,健康管理质量无法保障,还未有效发挥健康档案在疾病预防等方面的作用。

四、医养结合专业队伍素质不高,难以支撑健康养老服务业高质量发展

医养结合是复杂系统的服务,涉及健康、康复护理、生活照料、精神慰藉等多领域,要求从业人员具备较高的专业知识技能。现阶段医养结合服务发展面临缺乏管理人才和专业技术人才,医养结合专业队伍还未有效建立。当前养老服务从业人员表现出专业化水平低、人员年龄偏大的特点,医养结合专业队伍人员数与量均难以支撑社区居家养老服务高质量发展。据相关调研发现,养老机构护理员平均年龄在 40 岁及以上,学历水平多在初中及以下。较多养老护理员没有经过正规培训,还没有很好地掌握健康养老、上门服务等专业知识和技能,难以提供康复护理、医疗保健和精神慰藉等服务。

另外,现在老年人拥有更多的个性化、高要求健康服务需求,加上缺乏完善的激励机制,养老医护人员职业待遇低、职业保障不足且个人发展受限,从业人员服务积极性并不高,也造成了服务难以高质量发展。高等教育和职业教育中开设的养老医疗服务相关专业不多,队伍培养机制还未有效建立。部分地区尚无专门的养老服务技能培训、鉴定机构和职业标准,难以有效保障养老服务专业化队伍建设和养老服务业高质量发展。

五、居家上门服务障碍多,信息化健康养老服务接受度不高

依托社区层面的小型化、专业化的医养结合机构为居家老年人提供"上门服务",但实际服务过程中还存在"陌生人入室"心理现象,老年人接受机构服务人员来到家中的意愿并不高。同时,还存在财产、安全隐患,居家社区医养结合很难向纵深发展,服务质量也难以保证。

部分老年人对信息化服务手段还不适应,对接受健康养老便利性还存在怀疑和观望态度。部分老年人不会使用"互联网+"、自助一体机,还不能很好地利用手机、互联网完成相关服务操作,尤其是在欠发达地区和农村地区的老年人,甚至有现代信息技术对老年人接受服务存在排挤的不平衡心理。另外,还有部分老年人对远程医疗设备、远程诊疗等形式不信任,更愿意寻求面对面的专业健康养老人员服务。提高老年人对信息化健康服务手段的接受度和利用度,增强老年群体对社会化养老服务的认同度,是保证老年人便捷获取健康服务的重要手段。

第四节　对策建议

目前,社区居家医养结合的养老服务体系建设的思路和方向已经基本明确,制度框架体系初步建立,关键要发挥党委领导、政府主导、部门负责、社会参与的养老服务工作机制作用,加强部门间的统筹协调,进一步完善社区居家医养结合具体标准、措施,丰富社区居家医养结合服务产品,提高供给效率,充实、加强基层养老工作力量,确保各项政策措施落到实处,切实提高老年人的获得感、幸福感。

一、推进社区居家医养结合模式创新,建立完善相关的标准和政策

厘清政府、市场、社会、个人和家庭在健康养老中的角色定位。继续理顺规范医养结合机构机制流程,明确养老服务中各主体的权利、义务及法律责任等。根据当前老年人的健康养老行为变化,继续推进社区居家医养结合模式创新,推动医疗服务与养老服务更好更高效整合,为老人提供满意的服务。

在当前国家顶层设计的基础上,加快政策制度统筹、整合和落地。完善健康养老服务业务规范,从业人员服务标准,失能、半失能医疗护理需求和照护

评估标准,"上门服务"标准规范。加强康复治疗中心、护理中心以及安宁疗护中心的标准规范建设,建立完善医养结合机构质量管理评估制度。加大对兴办健康养老服务机构的税收、用电用水等政策优惠。建立完善激励医疗卫生、人口计生技术服务人员参与健康养老服务的政策,推进农村医养结合服务高质量发展。建立完善专业性第三方评估制度以及对社区居家养老服务机构和从业者的评价体系。

二、发挥社区辐射作用,支撑社区居家健康养老服务供给

社区是发展"整合照料""社区一体化照料""医养结合"等模式的重要平台,继续强化和拓展社区养老服务。充分总结北京、上海、广州等城市大力发展社区医养结合服务的模式和经验,包括社区健康养老驿站、社区卫生服务中心拓展养老功能、企业整合医养服务资源等,鼓励和支持社区医养结合机构发展。引入和培育扶持专业化、品牌化、连锁化养老服务机构,鼓励借助"互联网+"在社区层面设立网点,合理配置辖区内老年人居家养老服务项目,支持养老机构延伸社区居家养老服务,降低经营成本,提高机构运营的可持续性。

做强社区养老服务,推动机构养老和养老服务企业可持续发展。推进公办养老机构改革发展,鼓励社会力量通过独资、合资、合作、参股、租赁等方式参与公办养老机构改革,加强民间资本进入养老行业的服务指导,全面促进养老机构服务提质增效。加强扶持社区居家服务的小微企业发展的政策供给,包括土地、税收、房租等方面给予政策支持,做到严格监管。利用中医药文化在健康教育中的独特作用,在社区层面积极宣传中医药增强老年人健康素养的作用,让每个人成为自己的健康责任人,从而构建有中医药特色的家庭养生、健康养老模式,实现关口前移,延长人均预期健康寿命,缩小其与人均预期寿命的距离。

三、加大农村医养结合服务供给力度,丰富健康养老服务内容

立足广东省区域发展不平衡和农村人口老龄化发展趋势以及农村老年人经济状况、社会网络、空间分布等特点,加快形成以居家养老服务为基础,社区综合服务为依托,农村互助养老和机构为补充的农村养老服务体系。整合和改善农村养老基础设施,将农村老年活动室或闲置的校舍等设施改建成农村居家养老综合服务站,尽可能降低农村入住、养老成本,让老年人养老不离村,促进邻里互助养老模式发展。实施特困人员供养服务设施改造提升工程,充分发挥乡镇敬老院等供养机构保障特定老年群体养老服务供给的作用。

积极发挥村卫生室作用,建立以居家养老为依托、以机构养老为补充、以医养健康产业为支撑的医养结合养老服务体系,建立特困人员供养制度,推进农村医养结合发展。围绕新时期老年人健康养老服务美好需求,丰富社区居家养老服务供给内容,建立居家养老服务项目菜单。优化和完善生活照顾、疾病预防、医疗护理、休闲生活、心理疏导等,增强有利于经济社会参与服务的供给。拓展居家健康养老服务项目,增加家庭环境改造服务、家属照护培训、临时看护、心理咨询和临终关怀服务等,提升社区居家照护服务的吸引力。

四、加强社区居家健康养老基础设施建设,打造医养结合专业服务队伍

健康养老服务设施是城市社区医养结合养老服务模式的硬件。完善社区居家养老服务设施的配备,包括移乘搬运、移动辅助、步行助力等设施。加快推进老旧小区电梯改造、无障碍设施等适老化建设,为满足老年人的社区健康养老需求提供设备支持。加强健康养老的"新基建",如大数据长期跟踪监测老年发展平台,促进医疗健康领域的数据共享应用,重点监测老年人养老服务意愿、健康行为、健康养老需求等,支持老年人健康养老服务决策。

积极借鉴国外先进的培训课程体系,继续鼓励高等院校、技工院校开设养

老服务相关专业,指导技工院校加强学科建设。建设一批养老护理培训基地,加大养老护理人员培养培训工作力度。加快制定养老护理员工资待遇与职业技能水平相挂钩的办法,争取全国性荣誉奖励适当向一线养老护理员倾斜,提高职业荣誉感。在养老护理员等急需紧缺职业领域,择优遴选社会培训评价组织,根据职业标准和评价规范,面向社会开展养老护理职业技能等级认定试点工作。

五、加大宣传力度,营造促进医养结合发展的良好社会环境

不同经济水平和受教育程度的老年人,在养老观念、养老需求和接受新事物方面存在较大差异。积极运用传统媒体与现代信息技术相结合的方式,加强积极应对人口老龄化的国情教育、重大战略和政策宣传引导,为促进医养结合发展营造良好社会环境。从老年人需求出发,加大对医养结合养老服务的宣传,包括政策制度、典型案例等,更好地展现医养结合服务的优势。

政府作为老龄事业的倡导者、支持者和监督者,应充分发挥好医养结合宣传的引导者作用,促进形成良好的尊老、爱老、敬老的社会氛围。医养结合机构要针对老年人关心的就诊、接受服务等问题,拓宽老年人接受健康养老服务的信息化渠道,做到更人性化,简化程序和操作,提供接受服务方式的多路径选择,提高老年人对新事物接受的可能性。引导老年人改变养老观念,积极主动选择更加健康适合的养老方式。

基本公共服务与居留意愿专题

第七章　人口流动背景下广东省基本公共服务配置研究

导言：随着经济持续快速增长和城镇化快速推进,从农村进入城市的外来务工人员规模不断扩大,为广东省经济社会发展作出了巨大贡献。长期以来,广东省人口流动规模十分庞大,2019 年人口净流入超过 1800 万人。二元户籍制度及其所带来的城市户口的附加利益,使得这些流动人口处于"半市民化"状态,无法享受与市民相同的公共服务和社会福利。巨大的流动人口规模对流入地和流出地的基本公共服务配置带来了巨大的挑战。本章分析了广东省人口流动和基本公共服务供给现状,总结了当前广东省基本公共服务供给存在的三大问题,即基本公共服务供给面临不平衡不充分和供需匹配度有待进一步提升的问题。在借鉴发达国家和我国北京、上海等发达城市供给经验做法的基础上,从加强分类施策、深刻认识人口与人才关系、需求研判和积极借助现代信息技术手段方面,推动基本公共服务供给均衡化、覆盖全人口、高质量发展。

第一节　研究问题与文献回顾

一、研究问题

人口是影响基本公共服务配置的基础性因素。随着人口发展和结构变迁,人口表现出复杂多样的特点,显著增加了基本公共服务供给的复杂性和难度。尤其是新时期巨大的流动人口规模以及人口流动形成跨省流动人口与省内流动人口、乡城流动人口与城城流动人口等不同类型,改变了人口空间分布格局,也改变了流动人口享受基本公共服务的方式,对基本公共服务配置的规模和方式产生了深刻影响。据统计,2019 年我国流动人口规模达到 2.36 亿人,意味着约 6 个人中就有 1 个人在流动。然而,规模庞大的农民工群体并没有与城市居民同等享有社会福利,处于"半城市化"状态。党的十八大以来,国家高度重视新型城镇化建设,重点任务是推进基本公共服务均等化。有序推动农业转移人口市民化,是推进以人为核心的城镇化的首要任务,也是其核心所在。

从发达国家的发展进程及我国的政策演变和现实状况来看,市民化的实质和重点在于公共服务的均等化过程,二者是一体两面的关系。一般来说,市民化作为城市化进程中传统农民向城市市民转化的社会变迁过程,涉及生存职业、社会身份、公共服务、文化意识、政治权利以及社会认同等方面的巨大转化。这其中,无论是生存职业、身份转变还是文化意识方面所体现的都是政府公共服务的实际范畴,基本公共服务更是其中的重中之重,即便是相对较为超脱的政治权利和社会认同,依然是立足于政府必须提供给他们的权利保障及营造的城市精神、城市文化,而这些仍然是政府所提供的公共服务范畴。当前流动人口市民化,实质就是流动人口享受公共服务水平不断向户籍居民靠近直至趋同,即公共服务均等化的过程,重点在于实现公共服务全覆盖,不断扩大针对流动人口的公共服务供给范围和水平。

一般而言,基本公共服务范畴包括保障基本民生需求的教育、就业、社会保障、医疗卫生、住房保障、文化体育等领域的公共服务,广义上还包括与人民生活环境紧密关联的交通、通信、公用设施、环境保护等领域的公共服务,以及保障安全需要的公共安全、消费安全和国防安全等领域的公共服务。基本公共服务与流动人口美好生活需要息息相关,巨大的流动人口规模对流入地和流出地的基本公共服务配置带来了巨大的挑战。从人口流动角度分析基本公共服务配置尤为重要,对新时期基本公共服务配置具有积极意义。广东省是我国常住人口规模最大且超过 1 亿人的省份,人口迁移流动十分活跃,拥有广州、深圳两个超大城市,珠三角城市群发展相对成熟,对分析人口流动背景下的基本公共服务配置具有代表性。本章以广东省人口流动和基本公共服务发展状况为基础,试图分析人口流动对基本公共服务配置的影响,对基本公共服务结构优化与再配置提出对策建议。

二、文献回顾

关于基本公共服务配置研究,目前多数研究集中在基本公共服务均等化现状、存在的困境、对策建议[①],以及发达国家推进基本公共服务均等化经验[②]。人是享受基本公共服务的主体,需要根据人口发展变化配置基本公共服务,有学者提出对未来人口变动进行精准化预测和监测,通过贯彻新发展理念,实施合理化的发展定位、差异化的发展战略以及精细化的基本公共服务配置策略[③]。

针对人口流动对基本公共服务配置影响的研究,目前有研究从流出地和流入地的基本公共服务配置现状进行讨论,比如农村留守儿童接受学校教育状况[④],流动人口在大城市享受更低水平的基本公共服务[⑤];分析了农村非流

---

①　郭小聪、刘述良:《中国基本公共服务均等化:困境与出路》,《中山大学学报(社会科学版)》2010 年第 5 期;郭小聪、代凯:《国内近五年基本公共服务均等化研究:综述与评估》,《中国人民大学学报》2013 年第 1 期。

②　孙德超、孔翔玉:《美国地方政府公共服务供给及对中国的启示》,《学习与探索》2014 年第 8 期。

③　王茜、麻薇、张许颖:《人口变动趋势下基本公共服务精准配置策略研究》,《福建行政学院学报》2017 年第 3 期;孙晓莉、宋雄伟、雷强:《改革开放 40 年来我国基本公共服务发展研究》,《理论探索》2018 年第 5 期;樊继达:《以新发展理念引领城乡基本公共服务均等化》,《中国党政干部论坛》2019 年第 5 期。

④　段成荣、吕利丹、王宗萍:《城市化背景下农村留守儿童的家庭教育与学校教育》,《北京大学教育评论》2014 年第 3 期。

⑤　刘玉博、向明勋、李永珍:《上海市闵行区推进流动人口基本公共服务均等化研究》,《上海经济研究》2011 年第 11 期;潘鸿雁:《流动人口社会管理面临的新问题与对策——以上海为例》,《上海行政学院学报》2014 年第 1 期。

动人口、返乡流动人口和城镇常住流动人口等人群存在不同的基本公共服务资源需求①,以及流动人口在大城市享受某种基本公共服务状况,比如流动人口公共卫生服务均等化存在服务水平低、服务项目不均等问题②。还有研究讨论了城市化进程中公共服务资源配置存在公共服务资源分布不均、配置失衡问题③,城市化进程中空间扩张带来城市内部基本公共服务质量差异大④,流入地和流出地基本公共服务财政投入均不足,尤其是流出地等落后地区⑤。由此,学者们提出相应的对策建议,如探索以居住证为载体的基本公共服务积分供给制度⑥;构建面向家庭的流动人口公共服务体系,调动多主体的积极性,推动流动人口和新落户居民的市民化⑦;加大公共健康服务对老年流动人口的平等投入⑧。

纵观现有研究,主要是分析了流动人口享受基本公共服务现状,以及城市化进程中基本公共服务配置存在的问题及建议,还需要进一步剖析人口流动带来的城乡、城市间人口结构变动,及其对基本公共服务需求的影响,深刻把握人口流动对流出地和流入地的基本公共服务影响,进而提出基本公共服务结构优化与再配置的对策建议。

---

① 杨刚强、孟霞、王艳慧:《城乡流动人口结构分层与基本公共服务供给的结构优化》,《湖北社会科学》2015 年第 11 期。
② 张慧荣等:《北京市城乡结合部流动人口基本公共卫生服务提供状况调查》,《医学与社会》2017 年第 7 期。
③ 杨翠迎:《城市化进程中公共服务资源配置面临的挑战与对策》,《甘肃社会科学》2014 年第 4 期。
④ 叶林、吴少龙、贾德清:《城市扩张中的公共服务均等化困境:基于广州市的实证分析》,《学术研究》2016 年第 2 期。
⑤ 吴萨等:《流动人口的基本公共服务需新的制度安排》,《宏观经济管理》2013 年第 4 期。
⑥ 王晓霞:《流动人口基本公共卫生服务均等化问题探究》,《天津行政学院学报》2017 年第 3 期。
⑦ 段成荣、刘涛、吕利丹:《当前我国人口流动形势及其影响研究》,《山东社会科学》2017 年第 9 期。
⑧ 侯慧丽、李春华:《身份、地区和城市——老年流动人口基本公共健康服务的不平等》,《人口与发展》2019 年第 2 期。

第二节　广东省人口流动状况

广东省是我国改革开放的前沿阵地,具有非常显著的人口迁移流动特点,人口流动对珠三角地区和粤东西北地区基本公共服务配置产生了深刻影响。

一、全省流动人口规模庞大,是影响广东省人口发展的重要因素

2019年,广东省常住人口规模为1.15亿人,户籍人口9663.4万人,城镇化率为71.4%,净流动人口规模超过1800万人。根据国家卫计委2016年流动人口动态监测调查,全省跨省流动人口占68.35%,省内流动人口占31.65%。这意味着全省流动人口以省外流动人口为主,主要是湖南、湖北、广西、江西、四川、河南等,省内流动人口主要来源于粤东西北等欠发达地区,全省人口明显集聚于珠三角地区发达城市(图7.1)。毫不夸张地讲,广东省流动人口是影响广东省人口发展的重要因素。

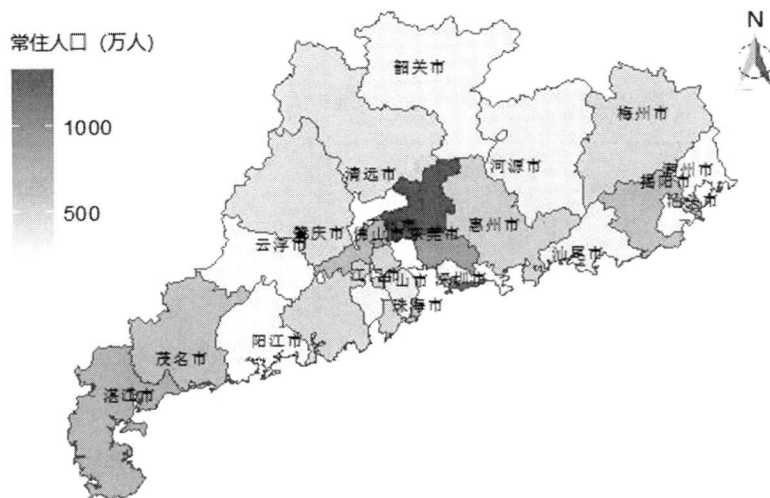

图7.1　2019年广东省常住人口分布

数据来源:《广东统计年鉴2020》。

二、各地区人口流动呈现三种流动特征

广东省各地市大规模流出人口与大规模流入人口并存。按流动人口流入情况来看,全省 21 个城市分为大量流入、少量流入和人口流出三类(表7.1)。分析发现,全省流动人口主要集聚于珠三角地区,即跨省流动人口和省内流动人口均流向珠三角发达城市。对于大量流入的城市,主要是东莞、深圳、中山、佛山、广州等 5 个城市,前两个城市的人口流入率超过100%,即流入人口规模超过户籍人口;佛山和广州尽管排位在后两个城市,但净流入人口规模依然较大,分别为 354.6 万人和 576.9 万人。对于少量流入的城市,主要是珠海、惠州和江门,这 3 个城市表现为人口流入,但规模并不大。第三类城市主要是人口流出的地区,主要分布于粤东西北地区。从区域分布来看,人口净流入呈现珠三角核心区集聚明显,大规模流动人口向东莞、深圳、中山、佛山、广州等地集聚,而粤东西北表现为明显的人口流出现象。广东省差异巨大的人口流动态势,对基本公共服务的配置产生深刻影响。

表 7.1　2019 年广东省各地市人口发展状况

城市类型	城市	常住人口 (万人)	户籍人口 (万人)	流入流出率
第一类: 大量流入	东莞	846.5	251.1	237.1
	深圳	1343.9	541.8	148.0
	中山	338.0	182.9	84.8
	佛山	815.9	461.3	76.9
	广州	1530.6	953.7	60.5
第二类: 少量流入	珠海	202.4	133.3	51.8
	惠州	488.0	389.7	25.2
	江门	463.0	400.1	15.7

城市类型	城市	常住人口（万人）	户籍人口（万人）	流入流出率
第三类：人口流出	汕头	566.5	571.7	-0.9
	潮州	266.0	275.9	-3.6
	肇庆	418.7	453.9	-7.8
	韶关	303.0	337.2	-10.1
	清远	388.6	446.1	-12.9
	揭阳	610.5	707.1	-13.7
	湛江	736.0	854.2	-13.8
	阳江	257.1	303.3	-15.2
	汕尾	301.5	364.7	-17.3
	河源	310.6	372.75	-16.7
	云浮	254.5	301.3	-15.5
	梅州	438.3	545.9	-19.7
	茂名	641.2	817.7	-21.6

数据来源：《广东统计年鉴2020》。

注：流入流出率＝（常住人口－户籍人口）／户籍人口×100%。正数表示流入，负数表示流出。

第三节　广东省基本公共服务供给状况与问题分析

2017年3月，国务院印发《国家基本公共服务体系"十三五"规划》，对公共教育、劳动就业创业、社会保险、医疗卫生、社会服务、住房保障、公共文化体育、残疾人服务等8个领域的81个项目进行了详细规划，而将"基础设施、环境保护、公共安全"纳入综合交通运输、能源、邮政、环境保护、公共安全等相关专项规划。2017年10月，党的十九大明确提出，坚持在发展中保障和改善民生，在幼有所育、学有所教、劳有所得、病有所医、老有所养、住有所居、弱有所扶上不断取得新进展。

一、基本公共服务供给状况分析

广东省非常重视基本公共服务供给,强化顶层设计,坚持补短板,改革创新体制机制和内容,利用互联网信息技术等,推动基本公共服务供给满足人民美好生活需求。

一是制定基本公共服务规划和清单制度。广东省早在 2009 年就开始编制和实施了《广东省基本公共服务均等化规划纲要(2009—2020 年)》,2014年、2017 年进行了两次修编,主要覆盖了公共教育、公共卫生、公共文化体育、公共交通、公共安全、生活保障、就业保障、医疗保障、生态环境保障等十大类基本公共服务,建立了基本公共服务清单制度。"十三五"期间,全省基本公共服务供给稳步推进,尤其是针对教育、医疗、养老等基本公共服务,加强供给规模和供给质量,多数基本公共服务供给水平达到了全国平均水平或位居全国前列。比如,2015 年,全省学前教育毛入园率 100.97%[①],意味着部分非学前教育人口也接受了学前教育,学前教育"入园难"问题得到有效缓解。

二是创新基本公共服务机制和内容。在全国顶层设计的基础上,全省及各地区坚持补短板,保民生,改革创新公共教育、卫生计生、文化体育、就业等领域基本公共服务体制机制,丰富了基本公共服务资源内容。比如,省卫生健康部门建立按常住人口服务管理经费标准拨付的卫生计生服务投入机制,探索新型医养结合、社区居家健康服务发展模式,省文化部门创新公共文化服务机制和模式,推动建设和免费开放图书馆、文化馆和基层文化馆站,结合地方特色打造系列群众文化品牌项目。针对异地务工人员服务,佛山市专门制定出台《关于进一步做好为异地务工人员服务工作的实施意见》,为异地务工人员开展卫生计生、文化艺术公益夏令营、文化艺术进企业专项行动等服务

---

① 由于包含非正规年龄组学生,毛入学率超过 100%。

活动。

三是建立基本公共服务均等化为导向的财政投入和保障机制。根据广东省统计资料显示,2016 年全省基本公共服务支出达到 4969 亿元,占一般公共预算支出比重为 57.7%,比 2012 年上升 22 个百分点。目前,欠发达城市自身财政能力薄弱,2016 年粤东西北 12 市的一般预算收入仅占全省的 12.5%,省级财政部门不断加大欠发达地区的政府转移支付,促进基本公共服务均等化。另外,全省及广州、深圳等城市还正努力探索实践基本公共服务项目吸纳社会资本(PPP)模式,但目前发达城市和欠发达城市成功运作的 PPP 项目均较少,发达城市实施难在于各方利益博弈难以达成均衡,政府规制企业难度大,风险点多;欠发达地区实施难在于政府财政能力薄弱,社会资本进入意愿低。

四是努力形成政府为供给主体的基本公共服务新格局。全省基本形成以政府为主体和引领的基本公共服务供给格局,广州、深圳等部分发达城市还不断发展社会组织,助力部分基本公共服务供给,比如就业培训服务。积极利用现代科技手段,推进"互联网+"基本公共服务,建立网上行政服务大厅,开通"广东生育服务""广东人社""广东教育"等微信公众号,还有较多的地方基本公共服务微信公众号服务平台,提高卫生健康、医养康养、就业培训、教育等基本公共服务供给效率。

二、存在问题分析

广东省经济社会发展面临不平衡不充分的矛盾,珠三角地区引领全省经济社会发展,粤东西北地区发展相对落后,形成人口长期集聚于珠三角地区的态势。人口流动对流入地和流出地人口的规模、结构等产生冲击影响,加剧了基本公共服务不平衡不充分的矛盾,也带来了基本公共服务供需存在错配问题,为实现基本公共服务均等化发展带来挑战。

一是人口流动带来基本公共服务供给不平衡。长期以来,受经济、社会和自然资源等诸多因素的综合影响,广东省基本公共服务配置不平衡。从基本公共服务内部结构来看,各类别的基本公共服务供给水平存在差异,粤东西北地区的社会民生短板领域主要集中在公共教育、公共文化体育和公共卫生等,而大城市的教育和卫生健康资源的失衡要比社会服务和计划生育基本公共服务的失衡更加明显。人口流动强化了城市间基本公共服务供给不平衡矛盾,从区域结构来看,经济水平发展好的珠三角地区城市基本公共服务供给能力强,粤东西北等欠发达地区的供给能力弱,虽然发达城市和欠发达城市均强化投入,但由于省内流动人口以及跨省流动人口均集聚于珠三角地区,这种不平衡的格局并未明显改变。

二是人口流动带来基本公共服务供给不充分。当前,广东省基本公共服务配置基本能够满足人民群众日益增长的服务需求,但由于人口大规模的流入,导致基本公共服务并不充裕。目前,广东省正在努力实现以常住人口为基数的基本公共服务配置方式,2016 年,全省跨省流动人口规模超过 1200 万人,意味着广东省需要增加 1200 万人的基本公共服务财政投入。若按常住人口口径计算,2016 年全省人均一般公共预算支出为 12365 元,比全国平均水平低 2179 元,比东部省份平均水平低 3828 元。在户籍制度改革的背景下,部分大城市积极推进基本公共服务均等化和新市民服务工作,积分落户门槛大幅降低,比如佛山市初中学历就可以落户,由此带来了随迁子女入读公办学校的门槛降低,这些城市成为随迁子女享受公办教育的政策洼地,外来人口随迁子女跳跃式增长,加剧了基本公共服务供给不充分矛盾。未来一段时间,伴随着"粤港澳大湾区"等区域战略的提出与发展,广东省人口流动仍然十分活跃,对外来人口吸引能力依然强劲,再加上户籍制度的持续改革,若让流动人口享受与本地户籍人口同等基本公共服务待遇,意味着广东省基本公共服务供给缺口有可能会扩大。

三是人口流动带来基本公共服务内容供需匹配程度较低。广东省基本公共服务配置与满足美好生活需求还有一定差距。人口流动导致流入地与流出地的人口结构发生变化,流出地表现出劳动力外流,出现留守儿童、留守妇女和留守老人等留守人群,流入地人口结构则表现出年轻化,人口结构变化带来基本公共服务需求变化。调研发现,目前农村地区的公共文化资源的供给,仍然为传统的图书室、电影放映等,与当前农村人口公共文化资源服务的需求契合度不高,导致大量的农村文化资源供给低效、财政绩效低。这与当前基本公共服务供给还未有效形成民众需求表达机制密切相关,在粤东西北、山区等落后地区,人民群众对政府提供的某些基本公共服务满意度、知晓度、参与度不高,热情也不高,有些地方甚至出现基本公共服务资源浪费现象。在城市地区,尽管基本公共服务供给资源相对更为丰富,但由于互联网等现代科技融入生活的冲击,流动人口在城市地区的文化生活等领域参与度和使用率不高,侧面反映流动人口社会融合程度并不高。

第四节　基本公共服务供给的经验借鉴

一、发达国家基本公共服务供给经验

基本公共服务供给以政府为主导,政府与民众互动发展。绝大多数国家的基本公共服务供给均以政府为主导,通过出台相应法律法规,增强政府公共服务职责,建立基本公共服务供给的各类制度,保障民众能享受到较为均等化的基本公共服务。美、日、韩等发达国家以基本公共服务应满足公众需求为导向原则,建立民众基本公共服务需求表达机制,收集民众服务需求,进而根据民众的需要提供公共服务,实现基本公共服务供给良性互动发展。

引入市场竞争机制,形成多元供给格局。美国是市场经济最成熟、最活跃的国家之一,政府、企业、社会组织等力量相互协作。在基本公共服务供给方面,美国政府将基本公共服务供给推向市场和社会组织等,政府主导,市场和社会组织力量承担重要角色,形成供给主体多元化、供给形式多样化,包括合同外包、租赁、志愿服务等,形成政府、市场和社会相互协作配合的基本公共服

务供给的良好格局。如美国义务教育实行 12 年制,凡在美国的适龄儿童,均能享有接受义务教育的权利,包括幼儿园学前教育、小学、初中和高中教育,不要让一个孩子掉队,实现了义务教育均等化;在就业培训方面,建立了完善的就业培训体系,职业培训由联邦政府、州政府和企业共同承担,还有大量的提供就业培训的志愿者服务社会组织力量。无论是美国,还是其他发达国家,基本公共服务供给均引入市场力量,鼓励社会力量参与,如德国通过 PPP 模式,将市场力量引入基本公共服务供给。由此可见,基本公共服务供给需要发挥政府、市场和社会等多元主体作用。

构建财政平衡机制,完善政府转移支付制度。目前世界上财政平衡制度较完善的国家有加拿大、澳大利亚、德国、日本等。加拿大是实行三权分立的联邦制国家,由联邦、省、地方三级政府构成,这与我国财政体制相似性较高,由此对我国构建财政平衡机制具有积极参考意义。加拿大的财政平衡机制主要是纵向转移支付体系,通过自上而下的纵向资金分配方式实现地区间财力缺口的弥补,通过财力均等化,促进各地基本公共服务提供的均等化。加拿大的财政转移支付制度主要是两类,一般性转移支付和专项转移支付,其中一般性转移支付主要是均等化项目(EP),它是为解决省际财政能力不均衡、缩小各省财政能力差距而设计的无条件转移支付项目,由此促进基本公共服务均等化目标;专项转移支付包括社会健康项目(CHST)、直接目的支持(Direct Targeted Support)和信托地区常规支持基金(Trust Fund)。比如,社会健康项目是由联邦政府向各省和地区提供长期可预测的医疗健康保健基金,是实施健康行动计划、加强医疗卫生公共管理的一种转移支付。

重视贫困地区、特殊群体等基本公共服务供给。通常贫困地区的居民或某些特殊群体获取基本公共服务的能力较弱,这促使政府在提供基本公共服务过程中特别重视贫困地区、特殊群体的基本公共服务供给问题。比如,美国医疗体制主要依靠雇主或私人自行购买医疗保险,鼓励医学护理专业毕业生到边远地区工作可以补偿上学期间的学费等。日本为保障学生受教育机会的均等,提高偏远地区的教育水平,建立了公立小学之间的教师定期调换制度,通常教师约7年在同一县(市)更换一次学校,待遇薪酬不变,有力地促进了地区教育均衡发展。由此,针对贫困地区、特殊群体,建立基本公共服务对口帮扶制度和财政支持制度等,成为实现基本公共服务均等化必需的重要内容。

二、国内部分城市基本公共服务均等化的做法

北京。北京郊区县与中心城区、城市发展新区的基本公共服务供给差异较大,表现在中心城区拥有大量优质的教育、医疗卫生等资源,而郊区县基本公共服务资源相对贫乏得多。北京市实行基本公共服务优质资源对接模式,通过"名校办分校、名院办分院"和区县结对帮扶等改革措施,优化公共服务资源布局配置,引导城区优质教育、卫生资源向郊区县转移,促使郊区的基本公共服务水平快速提升。北京市为城乡低保家庭学生、农村户籍的山区学生以及残疾学生每人每年提供助学金,对郊区县公办义务教育学校中农村户籍的住宿生、特教学校住宿生等免交寄宿费。

上海。作为我国超大城市的上海,在供给基本公共服务过程中,不断改革创新,努力探索构建基本公共服务平台,建立政府购买基本公共服务新机制等。比如,2006年10月浦东新区建立了上海市第一家区级市民服务中心,承担着基本公共服务职能,如居民的社保、民政,以及失业登记、就业申请、社会保险办理、社会救助、社会福利、房地部门的廉租住房受理等事务。还不断探索建立政府购买基本公共服务新机制,与社会组织集中签订购买服务合同,涵盖慈善救助、农民工子女服务、养老服务、计划生育等领域。

杭州。为有效推进基本公共服务均等化工作,2017年7月杭州还成立了基本公共服务均等化工作协调小组,统筹协调全市基本公共服务发展。早在2014年1月,杭州市印发《杭州市基本公共服务体系建设三年行动计划(2013—2015)》,该计划在国家的九大体系和浙江省四大体系的基础上,提出打造十大基本公共服务体系,其中构建"生活必需品供给"和"养老服务体系"

等具有特色的基本公共服务体系,满足杭州人民基本公共服务需求。如生活必需品供给体系包括加大物价调控和补贴力度、加强基本生活必需品生产储备和加快农贸市场升级改造,重点实施市区农贸市场二次改造提升工程,在部分城区打造五星级标准的农贸市场硬件。立足互联网发展优势,杭州还努力依托云技术和大数据以及 APP 等载体,推进建设"互联网+交通"、就业信息、健康医疗等新模式,优化基本公共服务供给方式,提升供给效率。

成都。自 2003 年开始,成都开展"统筹城乡经济社会发展"试点,2007 年提出"全域成都"的发展思路,通过试点和相应的政策性文件等统筹基本公共服务城乡一体化。为打破各类基本公共服务条块分割,扫除统筹城乡发展和促进公共服务城乡一体化的体制性障碍,成都市组建统筹城乡工作委员会等工作机构,专门负责成都市统筹城乡综合配套改革的相关工作。另外,成都还积极打造基本公共服务标准,目前成都市在教育卫生、城市管理、智能交通、社保就业、社会治安等领域已形成社会管理与公共服务地方标准。

总体而言,在基本公共服务均等化方面,无论是发达国家,还是我国的发展程度较高的城市,都处在不断的探索完善中。就目前基本公共服务均等化的做法和经验而言,主要集中在建立基本公共服务均等化统筹工作机制,构建财政平衡制度和政府转移支付制度,引入市场力量,形成政府、市场和社会多元供给格局,利用现代信息技术,优化基本公共服务供给方式,提升供给效率,以及重视贫困地区和特殊群体等。对广东省而言,需要积极借鉴,充分认识全省基本公共服务现状,把握人口变动趋势,持续推进基本公共服务均等化,促进满足全省人民对基本公共服务的需求。

第五节　基本公共服务配置的对策建议

根据《广东省新型城镇化规划(2016—2020 年)》,到 2020 年,全省常住人口城镇化率将达到 71.7%左右,户籍人口城镇化率达到 50%,人口分布变化继续深刻影响全省城乡基本公共服务配置。随着广东省经济社会高质量发展,未来人口迁移流动依然活跃,流动人口规模将在未来较长一个时期处于较高水平,尤其是对于珠三角地区核心城市。在人口流动活跃、人口老龄化的背景下,广东省呈现老龄化和人口继续向珠三角地区集中等特征,需要积极把握全省及区域人口发展变化趋势,掌握基本公共服务需求转型特点,前瞻科学谋划,建立覆盖全生命周期的基本公共服务供给体系。

一、根据不同人口流动特征,分类推动基本公共服务均衡发展

流动人口是影响广东省人口发展的重要因素。根据当前广东省粤港澳大湾区、珠三角城市群等战略持续深入推进,以及经济社会发展特点,未来全省人口将进一步集聚于珠三角地区核心城市,形成规模更为庞大、体系更为健全的城市群。依据此前划分的三类人口流动区域,提出差异化的基本公共服务配置策略。

第一,针对大量流入人口地区,推进大城市内部基本公共服务均衡发展。这类区域是珠三角地区的核心城市,城市建设水平较高,需要重点促进大城市内部的基本公共服务配置均衡,具体表现在大城市的新城新区与中心城区的均衡,强化新城新区教育、医疗等基本公共服务配置。比如,深圳市原特区内基本公共服务水平明显高于坪山区、光明区等原特区外区域,绝大多数的三甲医院均布局在核心区,在边缘城区基本没有,导致大城市基本公共服务供给不均衡,对人口吸引作用也较弱。由此,重视大城市新城新区基本公共服务建设,发挥基本公共服务优化人口分布的引导作用,促进人口分布与基本公共服务供给协调发展。

第二,针对少量流入人口地区,强化基本公共服务投入。这类区域主要是珠海、惠州和江门,集中在珠三角城市群的外围。这类城市发展潜力大、户籍制度改革力度大,流动人口增长缓慢,人口有进一步集聚趋势,同时还存在大城市边缘城区人口"两地流动"而难以享受基本公共服务现象,需要继续强化

基本公共服务投入,发挥政府等各方力量,引导优质基本公共服务从特大城市向中小城市扩散外延,提高城市的基本公共服务供给能力和水平。

第三,针对人口流出地区,要重视城市、农村地区基本公共服务再配置。粤东西北地区、山区地区,以及农村地区是人口流出的重要区域,人口流动导致部分基本公共服务配置城区不足和农村浪费现象。针对粤东西北地区人口继续流向珠三角发达城市,农村女性化、老龄化程度继续提高的现状,要加快整合优化各部门的资源信息,以人口规模、服务半径等为基础,科学划分城市社区、乡镇农村的基本公共服务配置单元。继续加大对农村基本公共服务的财政、人力等投入,强化养老资源布局,加强市、县区级的分娩、妇幼健康、公共医疗卫生、教育资源等投入。

二、深刻认识人口与人才关系,强化覆盖全人口的基本公共服务能力

改革开放以来,人口迁移流动为广东经济社会发展作出了巨大贡献,形成了流动人口与产业发展和经济结构调整的良性互动格局,突出表现为虽然产业不断转移和升级,但是外来人口规模并没有出现明显的波动。这与广东全人口基本公共服务能力提高对人口的吸引不无关系,与来自五湖四海、不同文化背景、不同教育程度的劳动力与本地人口初步形成和谐共处的人口迁移流动生态圈密切相关。"十三五"期间,广东省加大户籍制度改革,继续实施一系列有利于人口自由迁徙的政策,流动人口继续保持在2000万人左右,仍是全国流入人口第一大省份,具备率先建设人口迁移流动良性生态的基础。同时,率先建立人口迁移流动良性生态,吸引不同的人群来广东就业、生活和定居,不但有利于形成合理的人口结构,丰富多层次劳动力供给,保持经济发展活力,而且还有利于形成综合性的基本公共服务供给能力。

人口与人才不可分割,人才不能脱离人口而发展,人口亦不能少了人才。从生态系统角度而言,人口迁移流动良性生态是本地人口与外来人口的有机

总和、各类职业人口的有机总和、各类服务人口的有机总和等等。建立与人口迁移流动相适宜的环境不仅需要外来人口与本地人口融合发展,更需要吸引与广东经济结构相适应、与资源环境承载能力相匹配的多层次外来人口,既需要产业工人,也需要科学家,还需要厨师、保姆和社工等,形成相互联系、相互依存的生态体系。

在建成全面小康社会和实现社会主义现代化进程中,广东省要率先建立与人口迁移流动相适应的环境,实现人口在省内和省际的自由迁徙,探索面向本地人口和外来人口无差异的基本公共服务政策。例如,佛山几乎零门槛入户政策,云浮外来人口免费技能培训的服务,都对率先构建人口迁移流动良性生态,提升综合基本公共服务供给能力产生了良好的示范效应。要围绕人口迁移流动良好环境不同人群的公共服务需求,逐步降低外来人口享受基本公共服务的门槛,拓展基本公共服务内容,建立覆盖全人口的基本公共服务供给能力。

三、加强需求研判,提供与人民美好生活相匹配的基本公共服务

伴随着广东经济社会的快速发展,人民生活水平的提高,以及互联网信息时代、物流快速发展等影响,人们对基本公共服务需求也正在发生显著变化,本地人口要求更高品质的基本公共服务,外来人口追求与本地人口同等服务的愿望越来越强烈。这就要求基本公共服务供给要以人民需求为导向,打造出广东基本公共服务的标准和特色。

在国家基本公共服务体系的基础上,建立广东省基本公共服务标准体系,对全省基本公共服务起到规范和指导作用。针对流动人口、留守人口、贫困人口等不同人群,提出特色的基本公共服务供给标准体系。比如,在广州、深圳大城市重点探索外来人口基本公共服务标准体系,契合流动人口需求,提供就业创业服务;在大量人口流出地区,根据人群特点和需求探索建立留守儿童、留守妇女、留守老人的基本公共服务标准体系。再如,在山区等贫困地区探索

贫困人口基本公共服务供给标准体系。针对具体类别的基本公共服务,探索新时代满足人民美好生活需求的基本公共服务,如健康基本公共服务标准、现代新型文化基本公共服务标准。对全省或者有条件的发达城市先行先试健康基本公共服务供给,建立覆盖全人口的健康档案、健康服务,打造具有广东特色的健康基本公共服务体系。

四、积极借助现代信息技术手段,努力形成多元化供给新格局

人口流动不仅增加了管理者的基本公共服务供给难度,也给流动人口自身享受基本公共服务带来了诸多不便,既不能有效享受流出地的基本公共服务,也不能完全享受流入地的基本公共服务。需要积极利用现代科技手段,依托互联网等信息技术,强化政府与民众的互动,提高基本公共服务供给效率,让流动人口能够更为便捷地享受基本公共服务。比如,在广深等大城市,已逐步形成利用"互联网+"渠道,对出入境、图书文化等资源进行互联网操作,让本地人口和流动人口均能便捷高效享受各种基本公共服务。借助现代科技手段,拓宽民众对基本公共服务需求的表达渠道,加强基本公共服务领域政府与民众之间的互动,提高服务的有效性、针对性、便捷性和高效性。

目前,基本公共服务供给的主体是政府,随着人口流入规模增加,基本公共服务供需矛盾加大,仅依靠政府力量是不够的。在某些基本公共服务领域或不同发展阶段,借助社会力量,建立政府主导、社会参与的多元化供给格局。对公共服务供给严重缺失的托育服务、学前教育、养老的长期照料和医养结合等领域,完善政府购买服务机制,规范委托管理或契约式项目管理,支持和规范市场、社会组织等参与部分基本公共服务供给。鼓励和培育社会组织参与基本公共服务供给,比如大力培育能够协助政府承接事务性工作、提供公益性服务、调解民间纠纷、发展慈善事业、从事环境保护、普及科普教育的民间组织。鼓励发展社区服务、乡村公共服务中心实体,为全人群提供优质服务。

第八章 空气质量与流动人口居留意愿

导言：流动人口因超大城市的优质就业机会和基本公共服务资源而大量流入，然而是否会因为空气污染而降低居留意愿？在文献回顾的基础上，本章提出空气污染对流动人口居留意愿影响的研究假设，考虑超大城市人口调控因素，利用 2017 年我国 5 个超大城市流动人口调查和城市环境状况匹配数据进行了实证检验。结果表明，空气污染显著地弱化了超大城市流动人口居留意愿，但这种弱化效应在污染程度不同的城市之间表现出明显差异，空气污染较重的京津流动人口居留意愿弱化效应更强，而空气污染较轻的沪穗深却并不显著。流动人口居留意愿还受到自身健康状况与空气污染的交互影响，流动人口更差的健康状况对空气污染更敏感，带来更弱的居留意愿。本章的研究结论对促进认识环境污染与人口流动关系，为超大城市打造清洁空气、吸引和稳定人口人才提供了经验依据。

改革开放以来，伴随着经济社会快速发展，大规模流动人口向北京、上海等一线城市集聚，并成为这些超大城市人口的重要组成部分。据统计，目前北京、上海等超大城市流动人口占常住人口的比重约 40%，深圳超过 65%。究其原因，北京、上海等超大城市拥有大量优质的经济产业、科技创新和公共服务资源，为流动人口提供了优质的就业机会和公共服务。然而，由于超大城市就业生活压力、相对严格的户籍制度、家庭分离等因素,导致流动人口未必能在城市真正扎根下来,流动人口的去留问题成为直接影响新型城镇化建设的重要方面。为此,认识超大城市流动人口居留意愿特征规律有利于把握新型城镇化建设,对促进城市高质量发展具有积极意义。

随着超大城市人口大量集聚和工业化快速发展,粗放型的生产方式带来了空气污染物排放急剧增长,空气质量明显下降。据生态环境部重点城市空气质量情况报告,2019年,全国337个地级及以上城市仅有157个城市空气质量达标,超过半数的城市空气质量未达标,部分重点区域空气质量不容乐观,如京津冀及周边地区"2+26"城市优良天数比例为53.2%,处于明显较低水平。雾霾现象充斥于人们的视野,甚至让人触目惊心,媒体相关报道也明显增加,引起了社会各界广泛关注,逃离空气污染严重城市、"逃离北上广"等声音不绝于耳。

长期以来,环境移民、气候移民是人口经济学研究的重要方向。近年来,我国大范围的城市地区或多或少、或重或轻出现了雾霾天气,学者们积极关注空气污染带来的负面影响。空气污染危害了人类的身体健康,影响了日常生产生活,对流动人口迁移决策行为产生深刻影响。流动人口因为超大城市的优质就业机会和基本公共服务资源而大量流入,然而是否会因为空气污染而动摇他们的居留意愿,促使他们产生逃离的心理?研究这个问题有利于认识超大城市的环境因素与流动人口居留意愿之间的关系,为超大城市推进新型城镇化建设、吸引和稳定人口人才提供科学依据。本章在文献回顾的基础上,提出空气污染对流动人口居留意愿影响的研究假设,并利用超大城市流动人口调查和环境状况匹配数据,实证考察空气污染对超大城市流动人口居留意愿的影响。

第一节　文献回顾与研究假设

针对流动人口居留意愿的影响因素,以往多数研究主要集中在收入、住房、基本公共服务、户籍制度、家庭因素等等①。也有学者讨论了超大城市人口调控政策的效应,认为外来人口调控政策缓解了人口快速增长的压力,但效果有限②,意味着流动人口的居留意愿仍然较为强。随着环境污染现象越来越普遍,学者们研究发现空气污染是影响人们身体健康的重要因素③,影响人们的经济社会行为,如劳动供给④、增加口罩和空气净化器等消费⑤;利用中国省级面板数据、城市数据、流动人口与环境数据匹配等,研究发现空气污染是影响人口迁入迁出的重要因素之一,降低了流动人口的居留意愿⑥,带来了城市劳动力流入减少、人口流出增加⑦,存在明显的环境移民效应或劳动力流出效应⑧。总体来看,现有研究关于流动人口居留意愿的影响因素主要集中于流动人口的人口基本特征、就业、基本公共服务等,以及户籍制度等因素,对

---

① 童玉芬、王莹莹:《中国流动人口的选择:为何北上广如此受青睐?——基于个体成本收益分析》,《人口研究》2015 年第 4 期;林李月等:《基本公共服务对不同规模城市流动人口居留意愿的影响效应》,《地理学报》2019 年第 4 期;古恒宇等:《中国城市流动人口居留意愿影响因素的空间分异特征》,《地理学报》2020 年第 2 期。

② 陆杰华、李月:《特大城市人口规模调控的理论与实践探讨——以北京为例》,《上海行政学院学报》2014 年第 1 期;盛亦男、童玉芬:《北京市外来人口调控政策效应的定量分析》,《中国人口科学》2015 年第 6 期。

③ Janet C., Matthew J. N., Johannes F., et al., "Air Pollution and Infant Health: Lessons from New Jersey", *Journal of Health Economics*, Vol. 28, No. 3 (2009), pp. 688 - 703; Persico C., "Can Pollution Cause Poverty? The Effects of Pollution on Educational, Health and Economic Outcomes", *IZA Paper*, No.12965(2019).

④ 朱志胜:《劳动供给对城市空气污染敏感吗?——基于 2012 年全国流动人口动态监测数据的实证检验》,《经济与管理研究》2015 年第 11 期。

⑤ Sun C., Kahn M. E., Zheng S., "Self - protection Investment Exacerbates Air Pollution Exposure Inequality in Urban China", *Ecological Economics*, Vol.131(Jan 2017), pp.468-474.

⑥ 洪大用、范叶超、李佩繁:《地位差异、适应性与绩效期待——空气污染诱致的居民迁出意向分异研究》,《社会学研究》2016 年第 3 期;孙中伟、孙承琳:《警惕空气污染诱发"逆城市化":基于流动人口城市居留意愿的经验分析》,《华南师范大学学报(社会科学版)》2018 年第 5 期。

⑦ Shuai Chen, Paulina Oliva, Peng Zhang, "The Effect of Air Pollution on Migration: Evidence from China", *NBER Paper*, No.24036(2017).

⑧ 肖挺:《环境质量是劳动人口流动的主导因素吗?——"逃离北上广"现象的一种解读》,《经济评论》2016 年第 2 期;孙伟增、张晓楠、郑思齐:《空气污染与劳动力的空间流动——基于流动人口就业选址行为的研究》,《经济研究》2019 年第 11 期。

环境污染因素的研究还偏少,也还没有专门分析超大城市流动人口。针对空气污染对人口流动的影响,还未区分空气污染程度,没有深入探讨空气污染程度差异带来的居留意愿影响。另外,空气污染显著影响人们健康状况,现有研究没有讨论空气污染对不同健康状况的流动人口居留意愿影响。基于此,本章试图分析超大城市空气污染对流动人口居留意愿的影响,以及不同污染程度和流动人口健康状况下的影响。

19 世纪以来,欧美学者围绕人口迁移的影响因素作了深入探讨,并提出了人口迁移相关理论。如雷文斯坦(E.Ravenstien)的人口迁移的七条规律、博格(D.J.Bague)和李(E.S.Lee)的人口迁移的推拉理论等。他们围绕人口在作出迁移决策的影响因素进行分析,提出促使人口迁移的积极因素,包括优质就业机会、更高的报酬、更好的公共服务、适宜的气候环境等;相反,促使人口迁移的消极因素,包括更差的就业、不满意的报酬、环境污染等。针对环境污染影响因素,国内学者利用 2005—2012 年 120 个重点城市数据,分析发现环境模范城市增加了住房面积销售,吸引了人口流入,说明中国存在显著的地区环境移民效应[1];利用中国高校层面的来华留学生样本,考察发现城市空气污染越重,辖区内高校在校来华留学生数越少,存在明显的空气污染的选择效应[2];以雾霾为标志的空气污染问题频发,导致部分居民萌生了迁出意向,但不同的受教育程度、收入、对政府治霾信心会产生差异化的迁出意向[3]。另外,还有学者从空气污染治理的角度,研究发现雾霾治理提高了人们的居留意愿,人口流出减少、人口流入增加[4]。综合来看,气候环境是影响人口迁移的

---

① 席鹏辉、梁若冰:《城市空气质量与环境移民——基于模糊断点模型的经验研究》,《经济科学》2015 年第 4 期。

② 李明、张亦然:《空气污染的移民效应——基于来华留学生高校—城市选择的研究》,《经济研究》2019 年第 6 期。

③ 洪大用、范叶超、李佩繁:《地位差异、适应性与绩效期待——空气污染诱致的居民迁出意向分异研究》,《社会学研究》2016 年第 3 期。

④ Kahn M.E.,"Smog Reduction's Impact on California County Growth",*The Journal of Regional Science*,Vol.40,No.3(2000),pp.565-582.

重要因素之一,适宜的气候环境有利于吸引人们流入并定居,较差的气候环境将会促使人们产生流出的意愿。因此,对于超大城市流动人口而言,环境质量是他们"用脚投票"时考虑的重要因素,也是他们追求生活品质的重要方面。尽管在超大城市能够拥有享受更优质资源的机会,但由雾霾形成的较差空气质量,将促使他们形成更低的居留意愿。由此,本章提出假设1。

假设1:空气污染弱化了超大城市流动人口居留意愿。

学者们研究发现空气污染对人口流动的影响存在异质性,如年龄、受教育程度、收入、来源于南方城市或北方城市等[1]。利用我国直辖市和省会城市数据,研究发现城市污染气体排放量增长致使劳动人口流失,且这种环境污染对劳动力的驱赶效应,主要在我国经济较发达的沿海及内地中心城市[2];针对不同规模等级的城市,研究发现行政级别较高的城市或大城市由于污染问题比较突出,对外来人口迁入产生限制作用[3],这表明环境污染对劳动力的驱赶效应存在城市异质性。然而,我国超大城市的空气污染并非都比较严重,对于雾霾频发的超大城市,空气质量经常性较差,甚至是雾霾天气持续时间长、频率高、程度重,这些城市的流动人口可能"逃离心"更强,也就意味着拥有更低的居留意愿;而对于雾霾偶发性的超大城市,流动人口对偶发性雾霾更多是抱有"吐槽"的心理,他们的居留意愿可能并不受到较轻环境污染的影响,即在空气质量相对较好的超大城市,流动人口居留意愿对雾霾可能并不敏感。由此,本章提出假设2。

假设2:流动人口居留意愿对空气污染程度的敏感性存在差异,在空气污

① 洪大用、范叶超、李佩繁:《地位差异、适应性与绩效期待——空气污染诱致的居民迁出意向分层研究》,《社会学研究》2016 年第 3 期;孙中伟、孙承琳:《警惕空气污染诱发"逆城市化":基于流动人口城市居留意愿的经验分析》,《华南师范大学学报(社会科学版)》2018 年第 5 期。

② 肖挺:《环境质量是劳动人口流动的主导因素吗?——"逃离北上广"现象的一种解读》,《经济评论》2016 年第 2 期。

③ 杨晓军:《城市环境质量对人口流迁的影响——基于中国 237 个城市的面板数据的分析》,《城市问题》2019 年第 3 期。

染较严重的超大城市,流动人口居留意愿更受空气污染影响,形成更弱的居留意愿;在空气污染较轻的超大城市,流动人口居留意愿对空气污染可能并不敏感。

2013 年,世界卫生组织下属国际癌症研究机构发布报告指出,空气污染中的重要污染物 PM2.5 致癌,在长期接触中会提高心血管病和呼吸道疾病以及肺癌的患病率,直接危害到人体健康。国外学者利用长期儿童队列跟踪数据,研究发现长期处于污染环境中,身体健康状况将会变差[1];国内学者利用全球 PM2.5 卫星栅格数据和 2011—2015 年全国流动人口动态监测调查数据,研究发现空气污染显著地降低了人们的健康水平,当 PM2.5 浓度每增加10%,被调查者认为自己更不容易生病的比例将下降 1.5 个百分点,认为自己健康状况良好的比例将下降 0.8 个百分点[2]。另外,长期生活在雾霾空气中,人们对环境污染的感知能力更强[3],担心空气污染对自身健康带来危害,形成巨大的心理健康压力,由此带来抑郁、恐惧等心理健康问题,从而降低了人们的主观幸福感[4]。可见,空气污染显著地影响了人们的身体健康和心理健康,这可能会导致流动人口居留意愿对空气污染的敏感性随自身健康状况变化而变化,空气污染与自身健康状况对居留意愿存在交互效应。对于健康状况较差的流动人口,他们对空气污染的容忍性更差,更可能产生迁出意愿。由此,本章提出假设 3。

假设 3:超大城市流动人口居留意愿受到空气污染与健康状况的交互影

---

① Persico C., "Can Pollution Cause Poverty? The Effects of Pollution on Educational, Health and Economic Outcomes", *IZA Paper*, No.12965(2019).

② 孙伟增、张晓楠、郑思齐:《空气污染与劳动力的空间流动——基于流动人口就业选址行为的研究》,《经济研究》2019 年第 11 期。

③ 王勇、郝翠红、施美程:《环境污染激发公众环境关注了吗?》,《财经研究》2018 年第 11 期。

④ Levinson A., "Valuing Public Goods Using Happiness Data: The Case of Air Quality", *Journal of Public Economics*, Vol.96, No.9-10(2012), pp.869-880;童玉芬、王莹莹:《中国流动人口的选择:为何北上广如此受青睐?——基于个体成本收益分析》,《人口研究》2015 年第 4 期;彭建等:《北京居民对雾霾的感知及其旅游意愿和行为倾向研究》,《世界地理研究》2016 年第 6 期。

响,健康状况较差的流动人口对空气污染更敏感,产生更弱的居留意愿。

第二节　数据来源与模型设定

一、数据来源

本章数据来源于原国家卫生和计划生育委员会组织实施的"2017 年全国流动人口动态监测调查"和城市统计年鉴或环境统计年报的匹配数据。2017年全国流动人口动态监测调查主要使用调查问卷(A)的数据。流动人口问卷(A)的调查对象为在本地居住 1 个月及以上、非本区(市、县)户口的 15 周岁及以上的男性和女性流动人口。该数据涵盖较为详细的流动人口个体特征、家庭特征、流动与居留意愿、健康与公共服务、社会融合等信息。空气污染采用 PM2.5 浓度指标进行衡量,数据主要来源于各个超大城市的统计年鉴(2018 年),以及 2017 年环境统计年报。本章考察的对象是超大城市流动人口,选择北京、上海、天津、广州和深圳等 5 个超大城市流动人口数据,样本量为 22997 个。将个体所在城市区域与空气污染指标值进行匹配,经处理,删除缺失值样本,最终得到超大城市流动人口样本量为 22677 个。

二、模型设定与变量说明

本章考察的是空气污染对超大城市流动人口居留意愿的影响,被解释变量为流动人口居留意愿,解释变量为空气污染。根据流动人口调查问卷,将被解释变量设置为二分类变量,赋值为 0、1,分别表示没有打算继续留在本地和打算继续留在本地,其中将没有想好是否继续留在本地合并至没有打算继续留在本地。根据流动人口居留意愿变量设置情况,采用二元 Logit 模型实证检验空气污染对超大城市流动人口居留意愿的影响。基本模型设置如下:

$$ln(\frac{p}{1-p}) = \beta_0 + \beta_1 Air + \beta_2 Health + \sum \alpha_i Z_i \tag{1}$$

其中,p 表示超大城市流动人口继续在本地居住的概率,Air 表示流动人口所在的超大城市空气污染状况,$Health$ 表示流动人口自身健康状况,Z 表示流动人口的经济社会特征变量,β_1 表示空气污染状况的回归系数,β_2 表示健康状况的回归系数,α_i 表示流动人口经济社会特征变量的回归系数($i=1$,2,$\cdots$,j)。为了考察空气污染与流动人口自身健康状况的交互效应,在模型(1)的基础上增加空气污染与流动人口自身健康状况的交互项,β 表示空气污染与健康状况交互的回归系数,设置如下模型:

$$ln\left(\frac{p}{1-p}\right) = \beta_0 + \beta_1 Air + \beta Air \times Health + \beta_2 Health + \sum \alpha_i Z_i \qquad (2)$$

流动人口居留意愿是人口自身基本特征、家庭和经济社会等诸多因素综合影响的结果。模型选取的控制变量包括性别、年龄、民族、婚姻状况、户籍性质、受教育程度、流动范围、流入时长、健康状况、本地住房状况、流动原因、本地医保参加状况、社会融合状况和来源地区域等。其中,部分控制变量说明如下。

(1)健康状况。问卷中"您的健康状况如何",包括健康、基本健康、不健康但生活能自理、生活不能自理,将选项合并为健康、基本健康、不健康,并赋值为 1、2、3,取值越大,表明流动人口的健康状况越差。健康状况越差,流动人口越可能不愿意继续在超大城市留下来。

(2)本地住房状况。参考已有研究①,将流动人口在本地的住房状况划分为好住房和差住房,在本地拥有好住房,流动人口更可能继续留在本地。好住房为拥有自有产权的住房,包括已购政策性保障房、已购商品房、自建房,赋值为 1;差住房为不具备自有产权的住房,包括租住单位/雇主房、租住私房、政府提供廉租房、政府提供公租房、单位/雇主提供免费住房、借住房、就业场所、其他非正规居所等,赋值为 0。

----

① 刘厚莲:《靠谁养老、去哪养老:乡城流动人口养老意愿分析》,《人口与发展》2019 年第 3 期。

（3）流动原因。不同的流动原因,将可能形成差异化的居留意愿,如家庭随迁原因的流动人口可能更倾向于继续留在本地,而经济原因的流动人口居留稳定性相对较差。根据调查问卷设置,流动原因将其归纳为 3 类,即经济原因、家庭原因和其他原因,并设置 3 个虚拟变量分别表示。

（4）本地医保参加状况。流动人口在超大城市是否参加医保,将可能显著影响他们的居留意愿。根据调查问卷设置,"您目前参加了下列何种社会医疗保险,包括新型农村合作医疗保险、城乡居民合作医疗保险、城镇居民医疗保险、城镇职工医疗保险和公费医疗,以及医疗保险是在本地还是户籍地,或者是其他地方?",由此设置虚拟变量,表示是否参加了本地社会医疗保险。

（5）社会融合状况。通过流动人口在本地的社交圈来衡量社会融合状况。问卷中"您业余时间在本地和谁来往最多(不包括顾客及其他亲属)",将其归类为同乡人、本地人和外乡人、很少与人来往,并设置 3 个虚拟变量分别表示。流动人口主要与本地人和外乡人交往,说明他们在本地融入得较好,可能促使他们更愿意继续留在本地。

（6）人口调控程度。使用户籍人口变动状况进行反映,即每个超大城市2016—2017 年户籍人口规模变动除以 2016 年户籍人口规模得到,反映超大城市人口调控政策松紧程度。当人口调控值越大,表明超大城市落户人口规模多,人口调控政策较宽松,那么流动人口留下来的意愿可能越强。

三、样本统计性描述

各个变量的描述性统计如表 8.1 所示。数据显示,2017 年,超大城市流动人口打算继续留下来的比例达到 88.3%,说明大部分流动人口都愿意继续在超大城市工作生活。85.8% 的流动人口为健康状况,基本健康占比为12.8%,不健康的为 1.4%,说明超大城市绝大多数流动人口健康水平较高。另外,据各个超大城市的环境统计公报,2017 年,北京和天津的细颗粒物

(PM2.5)年均浓度为 58 微克/立方米和 62 微克/立方米,上海、广州和深圳的分别为 39 微克/立方米、35 微克/立方米和 28 微克/立方米,北京和天津的细颗粒物(PM2.5)浓度明显高于上海、广州和深圳,说明京津空气污染状况较沪穗深明显更严重。

表 8.1　超大城市流动人口基本统计描述

变量	频数	百分比/均值	变量	频数	百分比/均值
居留意愿(是=1)	20334	88.3	婚姻状况		
空气污染	22677	48.3	未婚	3184	14.0
人口调控	22677	1.6	已婚	18836	83.1
性别(男=1)	11247	49.6	其他	657	2.9
户口(农业=1)	16170	71.3	受教育程度		
民族(汉=1)	21678	95.6	小学及以下	2512	11.1
省内流动	1515	6.7	中学/中专	13731	60.5
流动时长(年)	22677	7.5	大专及以上	6434	28.4
住房(好=1)	5764	25.4	流动原因		
本地医保	9859	43.5	经济目的	19348	85.3
城市人均 GDP	22677	13.4	家庭流动	2812	12.4
健康状况			其他	517	2.3
健康	19455	85.8	社会融合		
基本健康	2899	12.8	很少交往	5227	23.0
不健康	323	1.4	本地/外乡人	8832	39.0
年龄			同乡人	8618	38.0
45 岁以下	18144	80.0	来源地区域		
45—59 岁	3570	15.7	东部地区	9310	41.1
60 岁及以上	963	4.3	东北地区	1856	8.2
			中部地区	8324	36.7
			西部地区	3187	14.0

数据来源:原国家卫生和计划生育委员会组织实施的"2017 年全国流动人口动态监测调查"和城市统计年鉴或环境统计年报的匹配数据。

第三节　实证结果与分析

本部分实证分析了空气污染对超大城市流动人口居留意愿影响,污染较重、污染较轻两组样本的影响差异,以及流动人口自身健康状况与环境污染的交互效应。

一、基本回归分析

对模型(1)进行估计,得到空气污染对超大城市流动人口居留意愿影响的实证结果,见表8.2。分析发现:

(1)空气污染显著地降低了超大城市流动人口居留意愿。在5%的显著性水平下,细颗粒物(PM2.5)浓度每增加一单位,流动人口继续在本地居留的可能性下降3.1%,说明流动人口居留意愿对空气污染是敏感的,空气污染加重显著弱化了流动人口在本地的居留意愿,意味着空气质量下降会增加流动人口的不稳定性,假设1得到验证。这促使超大城市在推动人口市民化、提高城镇化质量过程中应认识到环境因素带来的流动人口不稳定性问题。

(2)对健康状况而言,在0.1%的显著性水平下,流动人口健康状况的回归系数为负,表明流动人口健康状况越差,他们在超大城市的居留意愿越弱,他们更愿意回到老家或者去其他城市工作生活。尽管超大城市拥有更优质的医疗资源,但是当他们健康状况不佳时,他们也将拥有更弱的居留意愿。

(3)对超大城市而言,在5%的显著性水平下,人均GDP水平越高,流动人口继续留下来的意愿更强,流动人口仍然具有明显的流动经济目的性。在0.1%的显著性水平下,超大城市人口调控力度越大,流动人口继续留下来的意愿更弱,即存在一定的政策作用效果,让流动人口产生明显的居留"动摇心理"。对北京、上海而言,两个超大城市的人口调控力度更大,相应地,两个城市的流动人口居留意愿也相对更弱。

（4）对年龄而言,相比 60 岁及以上的老年流动人口,在 5% 的显著性水平下,45 岁及以下的流动人口更愿意继续留在本地。相比未婚状况而言,在 0.1% 的显著性水平下,已婚状态的流动人口更愿意留在本地,说明已婚的流动人口具有更强的居留稳定性。对受教育程度而言,在 0.1% 的显著性水平下,相比小学及以下,具有中学和中专、大专及以上学历的流动人口更愿意在本地留下来,且随着受教育程度提高,流动人口在本地留下来的可能性也不断增加。在 0.1% 的显著性水平下,省内流动人口更不愿意留在本地,在本地居住的时间越长,流动人口越有可能继续留在本地。在 5% 的显著性水平下,相比经济目的,家庭随迁的流动人口更愿意留在本地,流动人口举家迁移或异地养老形成的居留意愿更强,表明家庭化流动具有更强居留稳定性。在 0.1% 的显著性水平下,拥有好住房、在本地融入较好、拥有本地医保均能提高流动人口的居留意愿,反映出流动人口在本地经济状况较好、拥有稳定的工作、建立了稳定良好的社交圈,均有利于他们继续在本地居住生活。对户籍地来源区域而言,相比来源于东部地区,来源于中西部地区的流动人口在超大城市的居留意愿更弱,而来源于东北地区的流动人口更愿意在本地居住生活,反映了来源于中西部地区的流动人口未来回流的可能性较大。

表 8.2　空气污染对超大城市流动人口居留意愿影响的实证结果

变量	总体		较重污染		较轻污染	
	系数	标准误	系数	标准误	系数	标准误
空气污染	−0.031*	0.011	−0.052***	0.011	0.184	0.050
健康状况	−0.295***	0.050	−0.209**	0.070	−0.394***	0.073
人口调控	−0.163***	0.025	−0.322**	0.093	−0.148***	0.042
性别	0.004	0.044	−0.034	0.062	0.050	0.063
民族	0.065	0.103	0.001	0.147	0.158	0.146
户口(农业=1)	−0.015	0.061	0.105	0.090	−0.051	0.084
省内流动	−0.153***	0.105	——	——	−0.082*	0.123
流动时长(年)	0.042***	0.004	0.042***	0.005	0.043***	0.006

续表

变量	总体		较重污染		较轻污染	
	系数	标准误	系数	标准误	系数	标准误
住房（好=1）	1.093***	0.083	0.962***	0.109	1.283***	0.130
本地医保（参加=1）	0.445***	0.052	0.526***	0.079	0.367***	0.070
城市人均GDP	0.137*	0.059	0.112*	0.061	0.146*	0.057
年　龄						
45岁及以下	0.315*	0.127	0.174	0.166	0.507*	0.199
45—60岁	0.123	0.128	0.110	0.168	0.163	0.201
婚　姻						
已婚	0.556***	0.058	0.553***	0.085	0.545***	0.079
其他	0.447***	0.132	0.296	0.176	0.629**	0.202
受教育程度						
中学/中专	0.256***	0.065	0.283***	0.087	0.210*	0.100
大专及以上	0.513***	0.091	0.603***	0.129	0.406**	0.131
流动原因						
家庭随迁	0.183*	0.080	0.230*	0.110	0.124	0.119
其他	0.075	0.167	0.170	0.235	−0.078	0.239
社会融合						
同乡人	0.252***	0.053	0.309***	0.073	0.186*	0.076
本地人/外乡人	0.445***	0.059	0.558***	0.081	0.311***	0.085
来源地区域						
中部	−0.092+	0.055	−0.151*	0.071	−0.006	0.089
东北	0.268*	0.096	0.272*	0.105	0.181	0.265
西部	−0.216***	0.069	−0.237*	0.093	−0.146+	0.107
城市固定效应	控制		控制		控制	
常数项	0.649***	0.226	2.223***	0.619	−0.661**	1.979
Wald chi2	1333.56		695.16		663.50	
P	0.000		0.000		0.000	
Pseudo R²	0.082		0.084		0.083	
N	22677		11679		10998	

注:①年龄、婚姻、受教育程度、流动原因、社会融合和来源地区域的参照组分别为60岁及以上、未婚、小学及未上学、经济目的、少交往和东部地区;②+ $p<0.10$,* $p<0.05$,** $p<0.01$,*** $p<0.001$。

二、分不同污染程度的城市考察

据各个超大城市的环境统计公报,2017 年,北京和天津空气优良率(全年空气优良天数占比)分别为 61.9% 和 57.3%,上海、广州和深圳的分别为 75.3%、80.5% 和 94.0%,北京和天津两个超大城市的空气优良率明显低于上海、广州和深圳。再者,从细颗粒物(PM2.5)年均浓度指标来看,也表现出相似特征,说明北京和天津两个北方的超大城市空气质量状况比位于南方的上海、广州和深圳明显要差。为考察不同空气污染程度对流动人口居留意愿影响差异,将超大城市样本分为两组,即北京和天津为空气污染较重的城市组,上海、广州和深圳为空气污染较轻的城市组。

对模型(1)进行估计,得到污染较重和较轻的两组样本的估计结果,见表 8.2。分析发现,对空气污染较重的京津样本而言,在 0.1% 的显著性水平下,细颗粒物(PM2.5)浓度每增加一单位,流动人口在本地居住的可能性下降 5.2%,而对于空气污染较轻的上海、广州和深圳,空气污染对流动人口的居留意愿影响并不显著。两组城市样本的回归结果表明,在污染较严重的京津两个超大城市,流动人口对空气污染关注更多、环境感知更强,他们的居留意愿更容易受到空气污染的影响,进而明显弱化了他们在本地的居留意愿,而在污染较轻的城市,流动人口并不太经常遇见明显空气污染,甚至没有经历空气污染较重的情形,对空气污染问题意识还不强,导致他们的居留意愿对空气污染并不敏感,假设 2 得到验证。

三、健康状况与空气污染的交互效应

为了考察流动人口健康状况与空气污染的交互效应,对模型(2)进行估计,表 8.3 给出了空气污染与健康状况对超大城市流动人口居留意愿的交互影响。结果表明,对总体样本、污染较重的城市样本而言,空气污染与流动人口自身健康状况的交互项回归系数是显著的,说明空气污染与健康状况对流动人口的居留意愿存在显著的交互效应。对于污染较轻的城市样本,空气污染、空气污染与健康状况的交互项均不显著,与基本回归结果类似,目前空气质量状况对上海、广州和深圳的流动人口居留并未产生显著影响。

表8.3 空气污染与流动人口自身健康状况的交互影响

变量	总体		较重污染		较轻污染	
	系数	标准误	系数	标准误	系数	标准误
空气污染	-0.040^{**}	0.012	-0.056^{*}	0.027	0.178	0.153
健康状况	-0.664^{***}	0.189	-0.582^{*}	0.227	-0.558	0.580
空气污染×健康状况	0.008^{*}	0.004	0.006^{*}	0.021	0.005	0.016
Wald chi2	1337.59		695.25		663.59	
P	0.000		0.000		0.000	
Pseudo R^2	0.082		0.084		0.083	
N	22677		11679		10998	

注:这里未列出控制变量结果,其他同表8.2。

为了进一步分析空气污染与健康状况的交互效应,估计了不同健康状况下空气污染对超大城市流动人口居留意愿的平均边际效应,见表8.4。结果表明,对于总体样本,健康状况为健康、基本健康、不健康,空气污染对流动人口居留意愿的平均边际效应分别为-0.004、-0.005、-0.007。这表明,随着健康状况变差,空气污染对流动人口居留意愿的弱化效应不断增强,说明健康状况更差的流动人口居留意愿更容易受到空气污染影响,本章的研究假设3得到验证。对于空气污染较重的京津样本,相应地,空气污染对流动人口居留意愿的平均边际效应分别为-0.003、-0.006、-0.009,表明在空气污染较为严重时,当流动人口健康状况为不健康,他们对空气污染更为敏感,产生了更弱的居留意愿,同样验证了假设3。

表 8.4　不同健康状况下空气污染对超大城市流动人口居留意愿的平均边际效应

样本	健康	基本健康	不健康
总体	−0.004[**]	−0.005[**]	−0.007[**]
	(0.001)	(0.002)	(0.003)
较重污染	−0.003[**]	−0.006[*]	−0.009[*]
	(0.002)	(0.006)	(0.009)
较轻污染	0.016	0.023	0.031
	(0.005)	(0.007)	(0.012)

注:括号内为差分标准误。

四、稳健性检验

为了检验上述实证结果的稳健性,选取可吸入颗粒物(PM10)浓度衡量空气污染状况。表 8.5 给出了空气污染对超大城市流动人口居留意愿的稳健性检验结果。结果表明,对于总体样本,空气污染显著地降低了超大城市流动人口的居留意愿,与前文选用 PM2.5 浓度指标进行衡量的回归结果一致,表明分析结果稳健可靠,本章假设 1 得到验证。对超大城市分组实证考察结果也表明,空气污染较为严重的北京和天津,空气污染显著地弱化了流动人口居留意愿,且弱化影响效应更大;而对于空气污染较轻的上海、广州和深圳,空气污染对流动人口居留意愿并不显著,流动人口居留意愿对上海、广州和深圳的空气质量变动并不敏感,本章假设 2 得到验证。

对健康状况而言,各个模型结果均表明,健康状况对流动人口居留意愿产生显著影响,健康状况较差不利于提升流动人口居留意愿。从空气污染与健康状况的交互项系数来看,两者存在显著的交互效应。模型边际效应结果显示,健康状况为健康、基本健康和不健康时,流动人口居留意愿的平均边际效应分别为−0.0019、−0.0027、−0.0036,即随着流动人口健康状况变差,空气污染对流动人口居留意愿的负向影响逐渐增大,表明流动人口越不健康,他们在超大城市居留意愿越弱。这与前文结果一致,本章假设 3 得到验证。

表 8.5　空气污染对超大城市流动人口居留意愿影响的稳健性检验(PM10 浓度衡量)

变量	总体		较重污染		较轻污染		总体	
	系数	标准误	系数	标准误	系数	标准误	系数	标准误
空气污染	−0.016 ***	0.004	−0.023 ***	0.004	−0.013	0.008	−0.021 ***	0.005
健康状况	−0.294 ***	0.050	−0.310 **	0.050	−0.205 ***	0.070	−0.596 ***	0.185
空气污染× 健康状况							0.004 +	0.002
Wald chi2	1338.90		700.36		663.50		1341.77	
P	0.000		0.000		0.000		0.000	
Pseudo R²	0.082		0.084		0.083		0.082	
N	22677		11679		10998		22677	

注:这里未列出控制变量结果,其他同表 8.2。

第四节　主要结论与启示

近年来,空气污染是学者们关注的热点问题之一,是影响人们经济行为决策的重要因素。本章运用 2017 年我国 5 个超大城市流动人口调查与城市环境状况匹配数据,在考虑超大城市人口调控的基础上,分析了空气污染是否弱化了流动人口的居留意愿,不同空气污染程度带来差异化的影响,以及空气污染与健康状况的交互效应。研究发现:

第一,无论是细颗粒物(PM2.5),还是可吸入颗粒物(PM10)衡量的空气污染,均发现空气污染显著地弱化了超大城市流动人口居留意愿,说明存在明显的空气污染对居留意愿的弱化效应。与以往研究不同的是,本章发现这种弱化效应在不同空气污染程度的城市表现出差异化特征。在污染较重的北京和天津,空气污染对居留意愿的弱化效应明显更强,而对污染较轻甚至是污染十分轻的上海、广州和深圳而言,目前空气质量状况对流动人口居留意愿并未产生明显的影响。这说明流动人口居留意愿对空气污染程度的敏感性存在差异,在污染较重的城市,人们对空气质量下降具有强烈的感知,进而产生更弱的居留意愿,而在空气质量较好的城市并未产生显著影响。第二,空气污染与流动人口自身健康状况存在显著的交互效应,即空气污染对流动人口居留意愿的影响随着自身健康状况变化而变化,健康状况较差的流动人口拥有更低的居留意愿。空气污染对人们身体健康带来明显的消极影响,对于身体状况较差的流动人口,他们对空气质量更为关注,他们继续留在本地的意愿将更弱。第三,流动人口居留意愿还受到明显的人口调控政策的影响,人口调控力度越大,流动人口居留意愿也更弱,产生了明显的居留"动摇心理",说明政策调控人口起到了一定的作用。虽然部分学者认为超大城市人口调控政策成效有限,但政策已经让流动人口心理产生明显作用。此外,在流入地拥有较好住房条件、融入本地较好、拥有本地医保等能促使流动人口继续在超大城市居住生活,流动人口随家庭迁移也能够形成更强的居留意愿。

本章结论的启示主要有:一是加强空气污染治理,打造清洁空气,是人们在超大城市健康生活的基础保障,也是未来提高超大城市流动人口居留意愿和新型城镇化质量的重要措施之一。中国经济社会发展的主要矛盾已经发生变化,人们对美好生活需要不仅体现在优越的经济生活条件,也体现在优质的生态环境、适宜的居住生活环境。建设宜人的生态环境是满足人民日益增长的美好生活需要的重要方面,也是实现人的可持续发展的重要内容,关系民生的重大社会问题,超大城市应将空气治理作为提升人民幸福感的重要措施之一。二是在当前城市"人才争夺战"中,优质的环境质量可以成为城市争夺人才的重要竞争力之一。从近年来广州、深圳等城市的人口仍然大幅增长现象,不少人就业生活选择南方的超大城市,部分说明环境质量优劣是影响城市竞争力的重要因素。伴随着流动人口代际转换、受教育程度提高、流动目的变动等,流动人口不仅在乎就业收入,还在乎生活品质、生活环境等,打造适宜的生态环境也是各大城市吸引和留住人才的重要措施。三是加强流动人口健康服务供给,提高流动人口健康水平。流动人口健康状况显著地影响着他们的居留意愿,而且较差健康状况还将强化空气污染对居留意愿的弱化效应。总体来看,提高超大城市流动人口居留意愿不仅需要促进他们在流入地安居乐业,提高他们的健康水平,还需要加强空气污染治理,打造清洁空气,为流动人口真正的安居乐业提供宜居的生态环境。

第九章　城市管理与流动人口居留意愿

导言：城市管理治理能力是软实力的重要方面,对流动人口居留意愿产生重要影响。运用 2017 年我国 36 个重点城市的流动人口调查和城市管理评价的匹配数据,实证检验了城市管理对流动人口居留意愿的影响。研究发现:(1)城市管理显著强化了流动人口居留意愿,其中超大城市强化效应更为明显,而特大城市和其他城市并不显著。(2)城市的经济管理、科技创新管理、文化管理、基础设施管理对强化流动人口居留意愿具有积极作用,而城市的社会管理和环境管理并未起到显著作用。(3)低龄、非农业户口和大专以上学历的流动人口群体居留意愿更受城市管理的影响,说明这些群体流动人口更为关注城市管理水平。进一步研究发现,青年高学历流动人口更受到城市管理的影响,尤其是科技创新管理。未来需要继续加强城市管理治理,以作为提升流动人口居留意愿的重要措施。

第一节　研究问题与文献回顾

改革开放以来,随着我国城市经济社会的快速发展,人口迁移流动十分活跃,流动人口规模大幅增长,从 1982 年的 652 万人增长至 2019 年的 2.36 亿人,流动人口是改革开放初期的约 40 倍。人口由于就业收入、谋求发展而流向经济发展水平较高的城市,但也因为户籍制度、高房价等导致他们在流入地难以真正安定下来,他们的居留意愿并不稳定。已有研究探讨了人口流入为城市管理带来深刻影响,在公共服务供给、基础设施建设、人口管理制度改革等方面形成了较大的压力和挑战。① 当前,流动人口对城市的"用脚投票",不仅仅是考虑就业收入、家庭、基本公共服务获取、宜居的气候条件,还会兼顾城市的社会包容度、营商环境、政府治理效能等等。那么,一个城市的管理能力和水平对流动人口居留意愿产生什么影响? 显然,研究这个问题有利于认识城市管理对流动人口居留意愿的影响,为推进以人为核心的新型城镇化建设、加强城市管理治理、吸引和稳定人口人才提供科学依据。

　城市是社会分工和生产力发展的重要产物,是区域经济、政治、文化、社会和生态文明建设的重要承载地,是多维度、多层次、多要素间高度关联的、复杂的、开放的系统。② 城市管理旨在解决城市经济社会发展问题,致力于打造一个具有竞争力、更公平和可持续发展的城市。为了实现"让城市更有序、更便利、更安全、更干净"的目标,近年来,城市管理者提出以人民群众需求为出发点,加强城市管理治理,对城市的规划、建设、管理、运营、维护进行全过程管理,提高城市运行效率和城市形象。作为新时期城市发展的一种软实力,城市管理能力也构成了城市对资本、人才等要素的吸引力。城市管理水平反映了城市运行效率,这直接决定了是否能建设宜居宜业环境,人们对城市包容性和运行效率的感知,以及他们在城市是否有充分的获得感和归属感。国外学者从城市多元主体参与③、智慧城市建设④、就业促进和基础设施规划⑤等方面

① 任远、姚慧:《流动人口居留模式的变化和城市管理——基于对上海的研究》,《人口研究》2007 年第 3 期;刘炳辉、熊万胜:《人口流入型地区社会治理研究述评》,《华东理工大学学报(社会科学版)》2017 年第 3 期。

② 刘厚莲:《我国特大城市人口调控格局构建研究》,《学习与实践》2018 年第 4 期。

③ Osborne S.P., "The New Public Governance?", *Public Management Review*, Vol. 8, No. 3 (2006), pp.377–387.

④ Osborne S.P., "The New Public Governance?", *Public Management Review*, Vol. 8, No. 3 (2006), pp.377–387.

⑤ Som P., "Determinants of Good Governance for Public Management in Cambodia", *Journal of Service Science and Management*, Vol.13, No.1(2020), pp.168–177.

讨论了城市管理。国内学者们从城市管理的文化、营商环境、社会氛围等不同方面分析认为,提升城市文化软实力对城市发展具有直接积极影响,能够聚集人才与金融资源①,城市包容度越高,流动人口社会融合程度越好②;打造良好的社会环境,营造风清气正的良好氛围能够增强城市对人才的"引力"③;从经济社会制度角度研究对经济发展的积极作用④,从政策制度角度探讨城市制定社会融合政策促进流动人口融入城市⑤。

长期以来,学者们关注了流动人口居留意愿的影响因素,主要包括户籍制度⑥、流入地劳动就业和收入状况⑦、流入地公共服务⑧,以及流动人口的年龄、受教育程度等自身特征。综合来看,现有研究较少地直接探讨城市管理对流动人口居留意愿的影响,多数只从城市管理的具体方面,还未清晰认识到加强城市管理对稳定流动人口居留意愿的积极作用,以及不同特征的流动人口

---

① 解萧语、褚婷婷:《城市文化软实力综合评价研究——基于北京市文化软实力发展分析》,《价格理论与实践》2019 年第 10 期。

② 李叶妍、王锐:《中国城市包容度与流动人口的社会融合》,《中国人口·资源与环境》2017 年第 1 期。

③ 易定红:《地方政府"抢人才"靠什么——如何更好地吸引人才、留住人才》,《人民论坛》2018 年第 15 期。

④ 董志强、魏下海、汤灿晴:《制度软环境与经济发展——基于 30 个大城市营商环境的经验研究》,《管理世界》2012 年第 4 期。

⑤ 悦中山、王红艳、李树苗:《流动人口融合政策与农民工的社会融合》,《江苏行政学院学报》2017 年第 5 期;李晓壮:《中国流动人口社会融合实践模式及政策分析》,《国家行政学院学报》2017 年第 4 期。

⑥ 蔡昉:《劳动力迁移的两个过程及其制度障碍》,《社会学研究》2001 年第 4 期;Zhu Y., Chen W.Z., "The Settlement Intention of China's Floating Population in the Cities:Recent Changes and Multifaceted Individual-level Determinants", *Population, Space and Place*, Vol.16, No.4（2010）, pp. 253-267.

⑦ Cao G., Li M., Ma Y., et al., "Self-employment and Intention of Permanent Urban Settlement:Evidence from a Survey of Migrants in China's four Major Urbanising Areas", *Urban Studies*, Vol.52, No.4（2015）, pp.639-664;童玉芬、王莹莹:《中国流动人口的选择:为何北上广如此受青睐?——基于个体成本收益分析》,《人口研究》2015 年第 4 期。

⑧ Bayoh I., Boarnet M.G., Kahn M., et al., "Determinants of Residential Location Choice:How Important are Local Public Goods in Attracting Homeowners to Central City Locations?", *Journal of Regional Science*, Vol.46, No.1（2010）, pp.97-120;林李月等:《基本公共服务对不同规模城市流动人口居留意愿的影响效应》,《地理学报》2019 年第 4 期。

对城市管理的敏感性。本章将利用我国 36 个重点城市流动人口微观调查和城市管理评价的匹配数据,实证考察城市管理对流动人口居留意愿的影响,分析不同规模等级、不同方面的城市管理的影响差异,以及不同特征的流动人口对城市管理的关注,促进认识城市管理对流动人口居留意愿的影响和积极意义。

第二节　数据来源与模型设定

一、数据来源

本章数据来源于原国家卫生和计划生育委员会组织实施的"2017 年全国流动人口动态监测调查"和《中国城市管理报告(2019)》的城市管理评价的匹配数据。2017 年全国流动人口动态监测调查主要使用调查问卷(A)的数据。流动人口问卷(A)的调查对象为在本地居住 1 个月及以上、非本区(市、县)户口的 15 周岁及以上的男性和女性流动人口。该数据涵盖较为详细的流动人口个体特征、收入状况、流动与居留意愿、健康状况、社会融合等信息。城市管理评价数据来源于《中国城市管理报告(2019)》。该报告选取了我国 36 个重点城市(4 个直辖市、27 个省会城市和 5 个计划单列市),从城市社会管理①、城市经济管理、城市文化管理、城市环境管理、城市基础设施管理、城市科技创新管理②等 6 个维度,运用 2016 年各个城市数据计算得到城市管理水平评价值。本章以这 36 个重点城市流动人口为考察对象,将个体所在城市与城市管理水平进行匹配,经处理,最终得到流动人口样本规模为 88013 个。

二、模型设定与变量说明

本章考察的是城市管理对流动人口居留意愿的影响,被解释变量为流动

---

① 城市社会管理指城市针对公共服务、民生发展、社会公平和保障进行的管理。
② 城市科技创新管理指城市针对科技创新投入、载体建设和创新产出进行规划与发展。

人口居留意愿,解释变量为城市管理水平。根据流动人口调查问卷,将被解释变量设置为二分类变量,赋值为 0、1,分别表示没有打算继续在本地居留和打算继续留在本地,其中将没有想好是否继续留在本地合并至没有打算继续在本地居留。根据流动人口居留意愿变量设置情况,采用二元 Logit 模型实证检验城市管理对流动人口居留意愿的影响。基本模型设置如下:

$$ln(\frac{p}{1-p}) = \beta_0 + \beta_1 csgl + \sum \alpha_i Z_i \qquad (1)$$

其中,p 表示流动人口继续在本地居住的概率,$csgl$ 表示流动人口所在城市的管理水平,Z 表示为流动人口的经济社会特征变量,β_1 表示城市管理水平的回归系数,α_i 表示流动人口经济社会特征变量的回归系数($i = 1, 2, \cdots, j$)。为了考察不同特征的流动人口居留意愿与城市管理水平的交互效应,在模型(1)的基础上增加城市管理水平与流动人口自身特征变量的交互项,β 表示城市管理水平与流动人口自身特征的回归系数,设置如下模型。

$$ln(\frac{p}{1-p}) = \beta_0 + \beta_1 csgl + \beta csgl \times Z_i + \sum \alpha_i Z_i \qquad (2)$$

流动人口居留意愿是人口自身基本特征、家庭和经济社会等诸多因素综合影响的结果。模型选取的控制变量包括性别、年龄、民族、婚姻状况、户口性质、受教育程度、流动原因、流动范围、流入时长、健康状况、本地住房状况、本地医保参加状况、社会交往状况、来源地区域、城市的人均 GDP 等。其中,部分控制变量说明如下。

(1)流动原因。不同的流动原因,将可能形成差异化的居留意愿,如家庭随迁原因的流动人口可能更倾向于继续留在本地,而经济原因的流动人口居留稳定性相对较差。根据调查问卷设置,流动原因将其归纳为 3 类,即经济原因、家庭原因和其他原因,并设置 3 个虚拟变量分别表示。

(2)健康状况。问卷中"您的健康状况如何",包括健康、基本健康、不健康但生活能自理、生活不能自理,将选项合并为不健康、基本健康、健康,并赋值为 1、2、3,取值越大,表明流动人口的健康状况越好。健康状况越好,流动人口越可能愿意继续在流入地留下来。

(3)本地住房状况。通常而言,在本地拥有好住房,流动人口更可能继续留下来。将流动人口在本地住房状况划分为好住房和差住房,好住房为拥有自有产权的住房,包括已购政策性保障房、已购商品房、自建房,赋值为 1;差住房为没有自有产权的住房,包括租住单位/雇主房、租住私房、政府提供廉租房、政府提供公租房、单位/雇主提供免费住房、借住房、就业场所、其他非正规居所等,赋值为 0。

(4)本地医保参加状况。流动人口在流入地是否参加医保,将可能显著影响他们的居留意愿,参加了医保有助于流动人口留下来。根据调查问卷,"您目前参加了下列何种社会医疗保险,以及医疗保险是在本地还是户籍地,或者是其他地方",设置虚拟变量,表示是否参加了本地社会医疗保险。

(5)社会交往状况。通过流动人口在本地的社交圈来衡量社会交往状况。问卷中"您业余时间在本地和谁来往最多(不包括顾客及其他亲属)",将其归类为同乡人、本地人和外乡人、很少与人来往,并设置 3 个虚拟变量分别表示。流动人口主要与本地人和外乡人交往,说明他们社交圈较广,在本地融入得较好,可能促使他们更愿意继续留在本地。

各个变量的描述性统计如表 9.1 所示。

表 9.1 流动人口基本统计描述

变量	频数	百分比/均值(%)	变量	频数	百分比/均值(%)
居留意愿(是=1)	74679	84.9	健康状况		
城市管理	88013	48.4	健康	73174	83.1
城市社会管理	88013	45.7	基本健康	13024	14.8
城市经济管理	88013	43.3	不健康	1815	2.1
城市文化管理	88013	24.2	收入状况		
城市环境管理	88013	70.4	3000 元以下	10530	12.0

续表

变量	频数	百分比/均值(%)	变量	频数	百分比/均值(%)
城市基础设施管理	88013	23.0	3000—10000 元	56198	63.8
城市科技管理	88013	31.6	10000 元及以上	21285	24.2
性别(男＝1)	44742	50.8	**受教育程度**		
户口(非农＝1)	21890	24.9	小学及以下	12277	14.0
民族(汉＝1)	80718	91.7	中学/中专	56608	64.3
省内流动	42002	47.7	大专及以上	19128	21.7
流动时长(年)	22677	6.1	**流动原因**		
住房(好＝1)	24120	27.4	经济目的	74254	84.4
本地医保	26266	29.8	家庭流动	11309	12.8
人均 GDP(万元)	88013	9.17	其他	2450	2.8
年龄			**社会交往状况**		
30 岁以下	30133	34.2	很少交往	5227	23.0
30—45 岁	39655	45.1	本地/外乡人	8832	39.0
45—60 岁	14968	17.0	同乡人	8618	38.0
60 岁及以上	3257	32.6	**来源地区域**		
婚姻状况			东部地区	22231	25.3
未婚	14073	16.0	东北地区	9017	10.2
已婚	70976	80.6	中部地区	27817	31.6
其他	2964	3.4	西部地区	28948	32.9

数据来源:原国家卫生和计划生育委员会组织实施的"2017 年全国流动人口动态监测调查"和《中国城市管理报告(2019)》的城市管理评价的匹配数据。

第三节　实证结果与分析

本部分实证分析了城市管理水平对流动人口居留意愿的影响,并从不同规模等级、城市管理评价的不同维度,以及不同特征的流动人口等角度分析了城市管理对流动人口居留意愿的影响差异。

一、基本回归分析

对模型(1)进行估计,得到城市管理水平对流动人口居留意愿影响的实证结果,见表9.2。分析发现:

一个城市拥有良好的管理能力能够显著增强流动人口居留意愿,促使他们继续留在本地。在1%的显著性水平下,城市管理水平每提升一个单位,流动人口继续在本地居留的可能性提高0.2%,说明流动人口居留意愿对城市管理水平是敏感的,加强城市管理对强化流动人口居留意愿具有积极作用。当前,我国城市管理正在从"粗放式"向"精细化"转变,努力维护城市秩序和提升发展品质,促进服务市民和改善民生,妥善处理市容环境脏乱、服务市民效率低、便民服务设施不足和分布不均等。倘若一个城市的管理治理能力较强,具有较好的城市规划、建设和管理能力,积极营造良好的营商环境和包容的社会文化氛围,为流动人口积极创造就业机会和提供良好的公共服务,那么流动人口会形成对这个城市的良好印象和感知,对政府管理给出良好的评价,他们也更愿意继续在流入地工作生活。

从收入状况来看,相比收入3000元以下而言,3000—10000元、10000元及以上的流动人口更愿意留下来,且收入越高的流动人口留下来的可能性越大。对社会交往而言,相比与人很少交往,在0.1%的显著性水平下,流动人口与同乡人、本地人/异地人相处较多均有利于他们继续在本地居住生活,说明在本地融入较好有利于强化流动人口居留意愿。在0.1%的显著性水平下,健康状况较好、在本地拥有医疗保险和好的住房条件的流动人口均更愿意留下来。对流动原因而言,相比经济原因,在0.1%的显著性水平下,因家庭而流动的人口更愿意留在本地。总体来看,在本地拥有较好的经济条件、融入较好、健康状况较好、因家庭而流动的人口更愿意留在本地。

对年龄而言,相比60岁及以上的老年流动人口,30岁以下、30—45岁的流动人口更愿意继续留在本地,且30岁以下的流动人口愿意留在本地的可能

性比 30—45 岁的流动人口更大,说明较年轻流动人口更愿意留在本地。在
0.1% 的显著性水平下,少数民族流动人口比汉族的更愿意留在本地。对婚姻
状况而言,相比其他婚姻状态,未婚的流动人口继续在本地居住工作的可能性
更小,说明未婚的流动人口稳定性更弱。在 0.1% 的显著性水平下,非农业户
口的流动人口留下来的可能性要比农业流动人口的可能性大,说明农业户口
流动人口稳定性要弱。在 0.1% 的显著性水平下,相比小学及以下,中学/中
专、大专及以上的流动人口更愿意留在本地,且随着受教育程度的提高,流动
人口继续在本地工作生活的可能性不断提高。在 0.1% 的显著性水平下,省
内流动人口继续留在本地的可能性要比跨省流动人口大,流动距离越短,流动
人口在本地居留意愿越强;流动人口流入时间越长,继续留在本地的可能性也
更大。对流动人口来源地而言,相比来源于西部地区,来源于东部地区和东北
地区的流动人口更偏向于继续在本地工作生活。城市的人均 GDP 水平越高,
流动人口的居留意愿越强,意味着经济发展状况仍然是流动人口是否留下来
的重要因素。总体来看,年轻的、少数民族、非农业户口、受教育程度高,以及
来源于东部地区和东北地区的流动人口更偏向于留下来。

表 9.2　城市管理对流动人口居留意愿影响的回归结果

变量	总体		超大城市		特大城市		其他城市	
	系数	标准差	系数	标准差	系数	标准差	系数	标准差
城市管理	0.002**	0.001	0.010***	0.001	−0.024	0.004	−0.013	0.002
性别(男=1)	−0.011	0.020	0.004	0.039	−0.053	0.050	−0.003	0.027
民族(汉=1)	−0.221***	0.038	0.128	0.090	0.193	0.126	−0.309***	0.045
户口(非农=1)	0.129***	0.027	−0.018	0.052	0.110	0.074	0.169***	0.035
流动范围	0.084***	0.022	−0.015	0.059	0.152**	0.051	0.132***	0.028
流入时长	0.038***	0.002	0.040***	0.004	0.038***	0.005	0.035***	0.003
健康状况	0.160***	0.022	0.250***	0.043	0.175**	0.056	0.121***	0.029
住房(好=1)	0.641***	0.029	0.846***	0.063	0.686***	0.082	0.580***	0.036
医保(参加=1)	0.516***	0.027	0.453***	0.045	0.568***	0.073	0.510***	0.038
人均 GDP	0.024***	0.006	0.022**	0.008	0.120***	0.020	0.089**	0.009

续表

变量	总体		超大城市		特大城市		其他城市	
	系数	标准差	系数	标准差	系数	标准差	系数	标准差
年　龄								
30 岁以下	0.276 ***	0.060	0.265 *	0.109	0.387 *	0.165	0.307 ***	0.086
30—45 岁	0.164 **	0.060	0.263 *	0.103	0.256	0.158	0.148	0.082
45—60 岁	−0.041	0.060	0.112	0.103	−0.010	0.158	−0.071	0.082
婚姻状况								
未婚	−0.483 ***	0.058	−0.438 ***	0.108	−0.231	0.142	−0.583 ***	0.078
已婚	−0.006	0.053	0.036	0.097	0.119	0.129	−0.043	0.071
受教育程度								
中学/中专	0.152 ***	0.028	0.288 ***	0.057	0.163 *	0.075	0.128 **	0.037
大专及以上	0.347 ***	0.040	0.480 ***	0.080	0.323 **	0.103	0.345 ***	0.054
流动原因								
家庭原因	0.127 ***	0.033	0.201 **	0.068	0.277 **	0.094	0.061	0.042
其他原因	0.240 **	0.071	0.277 *	0.133	0.212	0.202	0.223 *	0.092
社会交往状况								
同乡人	0.312 ***	0.025	0.250 ***	0.048	0.389 ***	0.061	0.334 ***	0.034
本地人/异地人	0.301 ***	0.025	0.430 ***	0.050	0.310 ***	0.059	0.250 ***	0.033
收入状况								
3000—10000 元	0.240 ***	0.028	0.186 **	0.059	0.316 ***	0.072	0.217 ***	0.035
10000 元及以上	0.632 ***	0.037	0.446 ***	0.071	0.729 ***	0.093	0.622 ***	0.051
来源区域								
东部地区	0.062 **	0.029	0.100 *	0.054	−0.155	0.085	0.170 ***	0.039
中部地区	−0.007	0.026	0.056	0.057	0.050	0.067	0.006	0.034
东北地区	0.177 ***	0.036	0.404 ***	0.096	0.210	0.096	0.136 **	0.045
城市固定效应	控制		控制		控制		控制	
常数项	−0.036	0.099	−0.852 ***	0.208	−0.611 *	0.301	0.123 ***	0.135
*Wald chi*2	4106		1261		808		2303	
P	0.00		0.00		0.00		0.00	
Pseudo R^2	0.062		0.078		0.066		0.055	
N	88013		27996		13999		46018	

注：（1）* p<0.05，** p<0.01，*** p<0.001，下同；（2）标准差为稳健标准差，下同；（3）年龄、婚姻状况、受教育程度、流动范围、流动原因、社会交往状况、收入状况、来源区域的参照组分别为 60 岁及以上、其他婚姻状态、小学及以下、跨省流动、经济原因、较少交往、收入低于 3000 元和西部地区。

二、分城市类别的分析

不同人口规模等级城市拥有差异化的城市管理能力和水平。按照2014年国务院《关于调整城市规模划分标准的通知》中关于城市规模等级划分,将36个城市划分为超大城市、特大城市和其他城市三类,其中超大城市6个(北京、上海、天津、重庆、广州和深圳)、特大城市7个(武汉、成都、南京、西安、沈阳、郑州和杭州)、其他城市23个(除超大城市和特大城市之外的)。根据《中国城市管理报告(2019)》,超大城市的城市管理水平平均为65.4,特大城市为48.2,其他城市为38.1,即超大城市、特大城市、其他城市的城市管理水平依次下降。那么,不同规模等级的城市管理对流动人口居留意愿是否产生差异化的影响?在城市管理水平较高的超大城市,城市管理对流动人口居留意愿的强化作用是否更明显?

表9.2给出了不同规模等级的城市管理对流动人口居留意愿的影响。分析发现,对超大城市而言,城市管理对流动人口居留意愿产生了显著的影响。在0.1%的显著性水平下,超大城市的管理水平每提高一个单位,流动人口继续在本地居留的可能性提高1%。对特大城市和其他城市而言,城市管理对流动人口居留意愿并不显著。对比三类城市发现,只有超大城市的城市管理强化了流动人口的居留意愿,特大城市和其他城市并未产生显著影响。这说明当前超大城市的资源配置、服务保障能力让流动人口产生了较舒适的工作生活体验,流动人口对超大城市城市管理较为认可,故而他们愿意继续留在本地,而特大城市和其他城市的城市管理还未得到流动人口的有效认可。

三、城市管理评价的分维度分析

据《中国城市管理报告(2019)》,36个重点城市的城市管理水平评价由6个一级指标、24个二级指标、71个三级指标共同构成,其中一级指标包括城市社会管理、城市经济管理、城市文化管理、城市环境管理、城市基础设施管理和城市科技创新。为了进一步分析不同维度的城市管理对流动人口居留意愿的影响，促进认识不同方面的城市管理对流动人口居留意愿的影响，为明确未来城市管理重点领域工作提供更为具体的指引。

表9.3给出了分维度的城市管理对流动人口居留意愿影响的回归结果。分析发现，城市经济管理和城市科技创新均对流动人口居留意愿产生显著影响，拥有较高的城市经济管理和科技创新管理能力能提高流动人口继续留下来的可能性。长期以来，城市十分注重经济发展目标，在经济发展和科技创新方面均给予大量投入，故而在城市经济管理和科技创新方面都有较高的能力，为流动人口提供了较好的营商、就业和创新环境，强化了流动人口的居留意愿。城市文化管理和基础设施管理水平也显著提高了流动人口在本地居留的可能性，这主要是城市在文化建设、基础设施建设方面为流动人口营造了便利、包容的就业生活环境，进而让流动人口留下来。城市社会管理对流动人口居留意愿并未产生显著影响，这可能是当前城市社会公平问题突出、公共服务供给不足，民生保障能力与经济发展水平不匹配，城市社会管理还未得到流动人口的真正认可，导致城市社会管理水平并未强化流动人口继续留下来的意愿。城市环境管理也未对流动人口居留意愿产生显著影响，侧面说明流动人口对城市环境状况和环境治理满意度并不高。

对比各个维度的城市管理，发现城市经济管理对流动人口居留意愿的影响最大，其次是城市基础设施管理，而后是城市文化管理和城市科技创新管理。这说明加强城市经济管理为流动人口提供良好的就业环境，加强城市基础设施建设为流动人口提供便利生活环境，将能促使流动人口更愿意留下来。

表 9.3　分维度的城市管理对流动人口居留意愿影响的回归结果

不同维度	流动人口居留意愿					
城市社会管理	0.003 (0.001)	—	—	—	—	—
城市经济管理	—	0.012*** (0.001)	—	—	—	—
城市文化管理	—	—	0.005*** (0.001)	—	—	—
城市环境管理	—	—	—	−0.002 (0.001)	—	—
城市基础设施管理	—	—	—	—	0.006*** (0.001)	—
城市科技创新管理	—	—	—	—	—	0.003** (0.001)

注:回归过程控制了个人特征、区域特征等变量,为节省篇幅,这里未列出。

四、城市管理与不同特征的流动人口居留意愿

基于上述分析,不同特征的流动人口关注城市管理的程度不同,这会导致流动人口居留意愿产生异质性。为进一步考察年龄、户口性质、受教育程度和收入状况等不同特征的流动人口居留意愿因城市管理水平差异而产生的异质性,对模型(2)进行估计。表 9.4 为城市管理对不同特征流动人口居留意愿影响的回归结果。

由表 9.4 分析发现,对年龄而言,30 岁以下流动人口与城市管理的交叉项为正且显著,而 30 岁以上的流动人口与城市管理的交叉项并不显著。在 5% 的显著性水平下,城市管理每增加一个单位,30 岁以下流动人口继续在流入地留下来的可能性提高 0.6%,说明年轻的流动人口居留意愿更关注城市的管理水平,更容易受到城市管理水平的影响。对非农业户口、大专及以上流动人口居留意愿也存在类似的情况,而不同收入的流动人口并未表现出类似的特征。总的来看,不同收入群体之间并不存在显著差异,而 30 岁以下、非农业户口、大专以上学历的流动人口群体对城市管理较为敏感。这说明在不同

的城市管理水平影响下,不同特征的流动人口居留意愿存在明显的异质性,这主要是源于流动人口自身对城市管理关注差异所致。

表9.4　城市管理对不同特征流动人口居留意愿影响的回归结果

变量	流动人口居留意愿			
城市管理	0.003 * (0.003)	0.001 ** (0.001)	0.002 * (0.001)	0.001 * (0.002)
30 岁以下×城市管理	0.003 * (0.003)	—	—	—
30—45 岁×城市管理	−0.000 (0.003)	—	—	—
45—60 岁×城市管理	−0.000 (0.003)	—	—	—
非农×城市管理	—	0.004 ** (0.001)	—	—
中学/中专×城市管理	—	—	0.002 (0.001)	—
大专及以上×城市管理	—	—	0.004 * (0.002)	—
3000—10000 元×城市管理	—	—	—	0.001 (0.002)
10000 元及以上×城市管理	—	—	—	0.002 (0.002)

注:回归过程控制了个人特征、区域特征等变量,为节省篇幅,这里未列出。

第四节　进一步分析:青年人才与居留意愿

近年来,许多城市纷纷出台人才政策,试图通过落户、住房补贴、安家费、人才补贴等手段,吸纳人才以推动城市经济社会发展。这些人才政策对青年流动人才产生了明显的吸引力[1],大量的青年人才选择流向深圳、武汉、西安

---

[1]　刘旭阳、金牛:《城市"抢人大战"政策再定位——聚焦青年流动人才的分析》,《中国青年研究》2019 年第 9 期。

等城市,那这些青年人才在选择流向和留在某个城市时会综合考虑一个城市的规划、经济产业和科技创新政策、基础设施建设、政府运行效率和形象吗?为了认识城市管理对青年高学历流动人口的居留意愿影响,设定 3 个变量的交叉项模型进行检验,即城市管理、是否青年(45 岁以下)和受教育程度是否大专及以上 3 个变量,若三个变量的交叉项回归系数 γ 显著,说明青年高学历流动人口居留意愿显著受到城市管理水平的影响,他们在选择城市时会考虑一个城市的管理水平。设定如下模型:

$$ln(\frac{p}{1-p}) = \beta_0 + \beta_1 csgl + \beta_2 csgl \times qingnian + \beta_3 csgl \times edu + \beta_4 qingnian \times$$

$$edu + \gamma csgl \times qingnian \times edu + \sum \alpha_i Z_i$$

$$(3)$$

对模型(3)进行回归,同时还给出了城市经济管理、城市文化管理和城市基础设施管理、城市科技创新的回归结果,见表 9.5。分析发现,在 5% 的显著性水平下,青年高学历人口居留意愿显著受到城市管理水平的影响,城市管理水平越高,他们居留意愿也可能更强。具体来看,城市经济管理、城市文化管理和城市科技创新对青年高学历流动人口居留意愿产生显著影响,而城市基础设施管理并未产生显著影响。这意味着青年高学历流动人口更可能受到城市经济管理、城市文化管理和城市科技创新的影响,他们的居留意愿并未由于流入城市基础设施建设而变化,说明青年高学历流动人口更为关注城市的经济发展、科技创新和文化建设。比较来看,青年高学历流动人口更可能会因为城市科技创新管理而继续留下来,这也说明城市能够通过加强科技创新管理而吸引青年高学历流动人口并让他们留下来。另外,一个城市加强文化建设,让城市更具包容性,提供更丰富可及的文化项目也能让青年高学历流动人口更具获得感,进而增强他们的居留意愿。因此,一个具有良好管理水平的城市,更能得到青年人才的青睐。

表 9.5　城市管理对青年高学历流动人口居留意愿影响的回归结果

变量	城市管理	城市经济管理	城市文化管理	城市基础设施管理	城市科技创新管理
城市管理	0.002[*] （0.001）	—	—	—	—
青年×高学历×城市管理	0.010[*] （0.005）	—	—	—	—
城市经济管理	—	0.013[***] （0.001）	—	—	—
青年×高学历×城市经济管理	—	0.007[*] （0.004）	—	—	—
城市文化管理	—	—	0.006[***] （0.001）	—	—
青年×高学历×城市文化管理	—	—	0.010[*] （0.005）	—	—
城市基础设施管理	—	—	—	0.011[***] （0.002）	—
青年×高学历×城市基础设施管理	—	—	—	0.007 （0.007）	—
城市科技创新管理	—	—	—	—	0.006[**] （0.002）
青年×高学历×城市科技创新管理	—	—	—	—	0.014[*] （0.008）

注：为节省篇幅，仅报告了城市管理与是否青年、高学历的三个变量交叉项结果。回归过程控制了个人特征、区域特征等变量。

第五节　主要结论与启示

城市管理水平衡量了一个城市综合管理所有事务的能力，展示了城市的整体形象。那么，流动人口选择一个城市时是否会考虑城市管理水平，城市管理是否有效强化了流动人口居留意愿？本章运用 2017 年我国 36 个重点城市的流动人口调查和城市管理评价的匹配数据，实证检验了城市管理对流动人口居留意愿的影响。研究发现：

第一,城市管理水平的高低显著影响了流动人口的居留意愿,较高的城市管理水平能够明显提升流动人口在流入地的居留意愿。一个城市拥有较高的城市管理水平意味着具有较强的城市规划、建设和管理能力,能够有效处理好城市发展事务,为人们提供便利的就业生活环境,这也就能够赢得流动人口的正面感知和评价,进而让流动人口更愿意继续留下来。进一步从城市人口规模等级分析,超大城市的管理水平对强化流动人口居留意愿起到了更明显的作用,而特大城市和其他城市并不显著。究其原因,主要是超大城市的管理水平明显高于特大城市和其他城市,城市资源配置和运行效率更高,就业生活环境比其他城市更优质。另外,不同特征的流动人口群体对城市管理水平的关注度存在差异,低年龄、非农业户口性质、大专以上学历的流动人口居留意愿更受城市管理水平的影响。

第二,分城市管理的6个维度来看,城市的经济管理、科技创新管理、文化管理、基础设施管理对强化流动人口居留意愿具有积极作用,而城市的社会管理和环境管理并未起到显著作用。比较来看,城市经济管理对流动人口居留意愿的影响最大,其次是城市基础设施管理,然后是城市文化管理和科技创新管理。这可能源于当前流动人口对经济和科技创新、基础设施建设和文化管理较为满意,具有较为积极的评价和感知,而城市社会管理和环境治理可能是城市管理中的薄弱领域,导致流动人口对此还没有形成积极的评价,故而城市社会管理和城市环境管理并未强化流动人口的居留意愿。

第三,青年高学历流动人口居留意愿受到城市管理的显著影响,城市科技创新管理、城市经济管理和城市文化管理对青年高学历流动人口居留意愿产生显著影响。这意味着青年高学历流动人口十分关注科技创新和城市经济建设,表明未来加强城市管理是吸引和留住青年高学历人才的重要措施,尤其是加快推动城市科技创新和经济产业发展。

本章研究结论的主要启示:一是继续加强城市管理治理,提升城市管理治理能力,为流动人口营造宜居宜业环境。加强城市经济社会问题应对和提高政府运行效率,将能有效提升流动人口居留意愿。尤其是对特大城市和其他城市而言,当前城市管理水平还未能有效提升流动人口居留意愿,仍需继续加强城市管理治理,为流动人口在流入地感受到归属感和获得感,促进流动人口继续留下来。二是针对当前城市社会管理和环境治理的薄弱环节,继续加强城市社会管理和环境治理,打造公平公正的社会氛围和良好环境,尽可能为流动人口提供宜居宜业环境。三是将加强城市管理治理作为吸引和留住青年创新创业人才的重要措施,尤其是科技创新、经济产业发展等方面,制定有利于激励青年高学历人才参与创新创业活动的政策措施,提高政府对青年高学历人才的青睐度和服务水平,将能有效吸引高学历人才,助推城市经济社会可持续发展。

参 考 文 献

蔡昉:《劳动力迁移的两个过程及其制度障碍》,《社会学研究》2001 年第 4 期。

蔡昉:《未富先老与中国经济增长的可持续性》,《国际经济评论》2012 年第 1 期。

蔡志成、吕盛鸽:《广东省人口老龄化系数预测》,《中国老年学杂志》2015 年第 1 期。

曹绪奇、王蒲生:《深圳产业结构与人口结构相关性分析——同上海的对比》,《经济与社会发展》2009 年第 4 期。

陈传书:《加强老龄工作　发展老龄事业》,《求是》2010 年第 16 期。

陈家敏:《广东省人口老龄化对经济增长的影响机制——基于 VECM 模型的实证分析》,《广东开放大学学报》2020 年第 5 期。

程晗蓓等:《"居住不稳定性"对中国大城市流动人口健康的影响研究》,《地理研究》2021 年第 1 期。

程杰、尹熙:《流动人口市民化的消费潜力有多大？——基于新时期中国流动人口消费弹性估算》,《城市与环境研究》2020 年第 1 期。

崔树义、田杨:《养老机构发展"瓶颈"及其破解——基于山东省 45 家养老机构的调查》,《中国人口科学》2017 年第 2 期。

戴筱頔、晃恒:《快速城市化地区外来人口空间分布研究——以深圳市为例》,《城市时代,协同规划——2013 中国城市规划年会论文集》,2013 年 11 月。

党俊武:《应对人口老龄化顶层设计刍议》,《老龄科学研究》2017 年第 1 期。

丁建定:《居家养老服务:认识误区、理性原则及完善对策》,《中国人民大学学报》2013 年第 2 期。

董红亚:《养老服务视角下医养结合内涵与发展路径》,《中州学刊》2018 年第 1 期。

董志强、魏下海、汤灿晴:《制度软环境与经济发展——基于 30 个大城市营商环境的经验研究》,《管理世界》2012 年第 4 期。

杜鹏、董亭月:《促进健康老龄化:理论变革与政策创新——对世界卫生组织〈关于老龄化与健康的全球报告〉的解读》,《老龄科学研究》2015 年第 12 期。

段成荣、程梦瑶、冯乐安:《新时代人口发展战略研究:人口迁移流动议题前瞻》,《宁夏社会科学》2018 年第 2 期。

段成荣、刘涛、吕利丹:《当前我国人口流动形势及其影响研究》,《山东社会科学》2017 年第 9 期。

段成荣、吕利丹、王宗萍:《城市化背景下农村留守儿童的家庭教育与学校教育》,《北京大学教育评论》2014 年第 3 期。

樊继达:《以新发展理念引领城乡基本公共服务均等化》,《中国党政干部论坛》2019 年第 5 期。

范宪伟:《流动人口健康状况、问题及对策》,《宏观经济管理》2019 年第 4 期。

封铁英、南妍:《医养结合养老模式实践逻辑与路径再选择——基于全国养老服务业典型案例的分析》,《公共管理学报》2020 年第 3 期。

高斌、郭鸿炜:《流动人口参与社区治理的困境分析与对策建议》,《宁夏党校学报》2019 年第 5 期。

辜胜阻、吴华君、曹冬梅:《构建科学合理养老服务体系的战略思考与建议》,《人口研究》2017 年第 1 期。

古恒宇等:《中国城市流动人口居留意愿影响因素的空间分异特征》,《地理学报》2020 年第 2 期。

郭翰、郭永沛、崔娜娜:《基于多元数据的北京市六环路内昼夜人口流动与人口聚集区研究》,《城市发展研究》2018 年第 12 期。

郭小聪、代凯:《国内近五年基本公共服务均等化研究:综述与评估》,《中国人民大学学报》2013 年第 1 期。

郭小聪、刘述良:《中国基本公共服务均等化:困境与出路》,《中山大学学报(社会科学版)》2010 年第 5 期。

国家人口计生委课题组:《深圳和珠海人口管理模式比较》,《学习时报》2012 年 1 月 2 日。

国家应对人口老龄化战略研究总课题组:《国家应对人口老龄化战略研究总报告》,华龄出版社 2014 年版。

贺丹:《加强战略研究 迎接新时代人口发展挑战》,《人口研究》2018 年第 2 期。

洪大用、范叶超、李佩繁:《地位差异、适应性与绩效期待——空气污染诱致的居民迁出意向分异研究》,《社会学研究》2016 年第 3 期。

侯慧丽、李春华:《身份、地区和城市——老年流动人口基本公共健康服务的不平等》,《人口与发展》2019 年第 2 期。

胡筱蕾、王皓翔、王家骥:《新形势下以全科医学理念为基础的老年人群医养结合的思考》,《中华全科医学》2020 年第 11 期。

黄银霞:《粤港澳大湾区人口老龄化现状及其应对策略研究》,《科技经济导刊》2020 年第 33 期。

景晓芬:《老年流动人口空间分布及长期居留意愿研究——基于 2015 年全国流动人口动态监测数据》,《人口与发展》2019 年第 4 期。

李海荣、李兵:《国外"整合照料"的基本模式及其政策启示》,《新视野》2017 年第 1 期。

李辉、王良健:《房价、房价收入比与流动人口长期居留意愿——来自流动人口的微观证据》,《经济地理》2019 年第 6 期。

李璐、赵玉峰、纪竞垚:《人口老龄化背景下的老龄事业和产业协同发展研究》,《宏观经济研究》2020 年第 10 期。

李明、张亦然:《空气污染的移民效应——基于来华留学生高校—城市选择的研究》,《经济研究》2019 年第 6 期。

李晓壮:《中国流动人口社会融合实践模式及政策分析》,《国家行政学院学报》2017 年第 4 期。

李新光等:《中国人口老龄化对经济增长的空间效应分析——基于双区制空间杜宾模型》,《人口与发展》2020 年第 5 期。

李雪:《"三圈理论圈理论"视角下"医养结合"养老模式分析》,《改革与开放》2017 年第 13 期。

李叶妍、王锐:《中国城市包容度与流动人口的社会融合》,《中国人口·资源与环境》2017 年第 1 期。

李长远、张会萍:《欠发达地区推进医养结合发展的实践模式、现实障碍及破解路径——基于宁夏三市的案例分析》,《宁夏社会科学》2021 年第 2 期。

李长远、张会萍:《医养结合养老服务供给主体角色定位及财政责任边界》,《当代经济管理》2021 年第 2 期。

李长远、张举国:《我国医养结合养老服务的典型模式及优化策略》,《求实》2017 年第 7 期。

李祯琪、欧国立:《交通对要素价格、人口流动和产业结构的影响分析》,《经济问题探索》2019 年第 5 期。

梁海艳:《中国流动人口就业质量及其影响因素研究——基于 2016 年全国流动人口动态监测调查数据的分析》,《人口与发展》2019 年第 4 期。

林李月、朱宇、柯文前:《城镇化中后期中国人口迁移流动形式的转变及政策应对》,《地理科学进展》2020 年第 12 期。

林李月、朱宇、柯文前:《居住选择对流动人口城市居留意愿的影响——基于一项对福建省流动人口的调查》,《地理科学》2019 年第 9 期。

林李月等:《基本公共服务对不同规模城市流动人口居留意愿的影响效应》,《地理学报》2019 年第 4 期。

林永然、耿楚宇:《城市人口规模对流动人口教育回报率的影响》,《城市问题》2019 年第 2 期。

刘炳辉、熊万胜:《人口流入型地区社会治理研究述评》,《华东理工大学学报(社会科学版)》2017 年第 3 期。

刘厚莲:《靠谁养老、去哪养老:乡城流动人口养老意愿分析》,《人口与发展》2019 年第 3 期。

刘厚莲:《我国城市新区产城融合状态、经验与路径选择》,《城市观察》2017 年第 6 期。

刘厚莲:《我国特大城市人口调控格局构建研究》,《学习与实践》2018 年第 4 期。

刘立光、王金营:《流动人口城市长期居留意愿的理性选择——基于非线性分层模型的实证研究》,《人口学刊》2019 年第 3 期。

刘利鸽、刘红升、靳小怡:《外出务工如何影响农村流动人口的初婚年龄?》,《人口与经济》2019 年第 3 期。

刘敏:《人口流动新形势下的公共服务问题识别与对策研究》,《宏观经济研究》2019 年第 5 期。

刘尚希、赵福昌、侯海波:《中国人口老龄化、经济增长与社会化改革》,《发展研究》2020 年第 10 期。

刘士林等:《2015 中国大都市新城新区发展报告》,《中国名城》2016 年第 1 期。

刘涛、解正林、陈仲钰:《德国的医疗与护理关系及其对中国医养结合的启示》,《中国公共政策评论》2020 年第 2 期。

刘晓楚等:《医养结合型养老机构老年人服务需求属性及影响因素》,《护理研究》2020 年第 19 期。

刘旭阳、金牛:《城市"抢人大战"政策再定位——聚焦青年流动人才的分析》,《中国青年研究》2019 年第 9 期。

刘玉博、向明勋、李永珍:《上海市闵行区推进流动人口基本公共服务均等化研究》,《上海经济研究》2011 年第 11 期。

楼永、王留瑜、郝凤霞:《人口老龄化对我国科技创新的影响分析》,《科技管理研究》2020 年第 21 期。

卢晓莉:《医养结合型智慧社区养老模式初探》,《开放导报》2017年第4期。

陆杰华、李月:《特大城市人口规模调控的理论与实践探讨——以北京为例》,《上海行政学院学报》2014年第1期。

陆杰华:《新时代积极应对人口老龄化顶层设计的主要思路及其战略构想》,《人口研究》2018年第1期。

路云辉:《以政策调整深圳人口结构》,《特区理论与实践》2010年第6期。

吕红平:《均衡发展:新时代人口发展的内在要求和战略选择》,《人口与计划生育》2018年第5期。

吕一星等:《医养结合机构标准化构建的重要性探讨》,《中国卫生标准管理》2020年第21期。

穆光宗、林进龙:《人口老龄化与老年人问题关系的再讨论》,《新疆师范大学学报(哲学社会科学版)》2021年第5期。

穆光宗:《不分年龄、人人健康:增龄视角下的健康老龄化》,《人口与发展》2018年第1期。

潘鸿雁:《流动人口社会管理面临的新问题与对策——以上海市为例》,《上海行政学院学报》2014年第1期。

庞庆泉、赵云、许世华:《医疗机构内设养老机构的医养结合发展策略研究》,《卫生经济研究》2020年第11期。

裴育、贾邵猛:《人口流动背景下的地方政府基本公共服务支出——基于长三角地区的实证分析》,《经济研究参考》2020年第14期。

彭建等:《北京居民对雾霾的感知及其旅游意愿和行为倾向研究》,《世界地理研究》2016年第6期。

彭希哲、胡湛:《公共政策视角下的中国人口老龄化》,《中国社会科学》2011年第3期。

钱晨、解韬:《广东省人口老龄化的区域差异及其人口学原因》,《老龄科学研究》2017年第1期。

乔晓春:《户籍制度、城镇化与中国人口大流动》,《人口与经济》2019年第5期。

任远、姚慧:《流动人口居留模式的变化和城市管理——基于对上海的研究》,《人口研究》2007年第3期。

邵宇、陈达飞:《人口流动与户籍制度改革:潜力与困境》,《金融市场研究》2019年第5期。

盛亦男、童玉芬:《北京市外来人口调控政策效应的定量分析》,《中国人口科学》2015年第6期。

随淑敏、何增华:《人口老龄化对企业创新的影响——基于人口普查数据与微观工业企业数据的实证分析》,《人口研究》2020 年第 6 期。

孙德超、孔翔玉:《美国地方政府公共服务供给及对中国的启示》,《学习与探索》2014 年第 8 期。

孙胜梅:《"十四五"应对人口老龄化的战略选择》,《浙江经济》2020 年第 11 期。

孙伟增、张晓楠、郑思齐:《空气污染与劳动力的空间流动——基于流动人口就业选址行为的研究》,《经济研究》2019 年第 11 期。

孙晓莉、宋雄伟、雷强:《改革开放 40 年来我国基本公共服务发展研究》,《理论探索》2018 年第 5 期。

孙中伟、孙承琳:《警惕空气污染诱发"逆城市化":基于流动人口城市居留意愿的经验分析》,《华南师范大学学报(社会科学版)》2018 年第 5 期。

谭日辉、马钰宸:《非首都功能疏解对北京市流动人口居留意愿及其社会情绪的影响》,《城市发展研究》2019 年第 12 期。

唐国华、张运成:《中国人口老龄化对制造业结构升级的作用机制研究》,《现代经济探讨》2020 年第 10 期。

唐钧:《关于医养结合和长期照护服务的系统思考》,《党政研究》2016 年第 3 期。

童玉芬、王莹莹:《中国流动人口的选择:为何北上广如此受青睐?——基于个体成本收益分析》,《人口研究》2015 年第 4 期。

汪连新:《医养康护一体化社区养老服务:理念、困境及借鉴》,《学习论坛》2019 年第 4 期。

王桂新、沈续雷:《上海市人口迁移与人口再分布研究》,《人口研究》2008 年第 1 期。

王桂新:《国外大城市人口规模控制问题的经验与启示》,《南京社会科学》2016 年第 5 期。

王培安:《以习近平新时代中国特色社会主义思想为指引　进一步加强人口发展战略研究》,《人口与计划生育》2017 年第 11 期。

王茜、麻薇、张许颖:《人口变动趋势下基本公共服务精准配置策略研究》,《福建行政学院学报》2017 年第 3 期。

王世巍:《深圳人口变迁与文化制度建设》,《特区实践与理论》2013 年第 4 期。

王树:《老龄化、二次人口红利与家庭储蓄率》,《当代经济科学》2020 年第 6 期。

王晓霞:《流动人口基本公共卫生服务均等化问题探究》,《天津行政学院学报》2017 年第 3 期。

王勇、郝翠红、施美程:《环境污染激发公众环境关注了吗?》,《财经研究》2018 年第 11 期。

王子成、郭沐蓉、邓江年:《保障性住房能促进流动人口城市融入吗?》,《经济体制改革》2020 年第 1 期。

王子敏：《互联网、社会网络与农村流动人口就业收入》，《大连理工大学学报（社会科学版）》2019 年第 3 期。

乌仁格日乐：《人口老龄化对经济增长的积极效应——基于人力资本投资视角》，《山东社会科学》2017 年第 4 期。

邬沧萍：《积极应对人口老龄化理论诠释》，《老龄科学研究》2013 年第 1 期。

吴萨等：《流动人口的基本公共服务需新的制度安排》，《宏观经济管理》2013 年第 4 期。

武康平、程婉静、冯烽：《探究我国人口年龄结构特征对经济增长波动的影响》，《经济学报》2016 年第 4 期。

武玉、方志、刘爱华：《"年龄—流动"双重视角下老年流动人口健康及影响因素——基于 2017 年全国流动人口卫生计生动态监测调查数据》，《兰州学刊》2020 年第 1 期。

席鹏辉、梁若冰：《城市空气质量与环境移民——基于模糊断点模型的经验研究》，《经济科学》2015 年第 4 期。

肖挺：《环境质量是劳动人口流动的主导因素吗？——"逃离北上广"现象的一种解读》，《经济评论》2016 年第 2 期。

肖祎平、杨艳琳：《人口年龄结构变化对经济增长的影响研究》，《人口研究》2017 年第 4 期。

解韬等：《广东省劳动年龄人口变化对经济发展的影响研究》，《广东经济》2020 年第 4 期。

解萧语、褚婷婷：《城市文化软实力综合评价研究——基于北京市文化软实力发展分析》，《价格理论与实践》2019 年第 10 期。

徐可：《高铁对中原城市群人口流动与分布的影响》，《特区经济》2019 年第 9 期。

杨翠迎：《城市化进程中公共服务资源配置面临的挑战与对策》，《甘肃社会科学》2014 年第 4 期。

杨刚强、孟霞、王艳慧：《城乡流动人口结构分层与基本公共服务供给的结构优化》，《湖北社会科学》2015 年第 11 期。

杨国霞、尤海梅、胡纯广：《疫情防控背景下社区医养结合养老服务规划再思考》，《城市问题》2020 年第 7 期。

杨莉：《医养结合的运营模式探究——以武汉市"互联网+居家养老"为例》，《学习与实践》2019 年第 11 期。

杨晓军：《城市环境质量对人口流迁的影响——基于中国 237 个城市的面板数据的分析》，《城市问题》2019 年第 3 期。

叶林、吴少龙、贾德清:《城市扩张中的公共服务均等化困境:基于广州市的实证分析》,《学术研究》2016 年第 2 期。

易定红:《地方政府"抢人才"靠什么——如何更好地吸引人才、留住人才》,《人民论坛》2018 年第 15 期。

易卫华、叶信岳、王哲野:《广东省人口老龄化的时空演化及成因分析》,《人口与经济》2015 年第 3 期。

俞进:《人口老龄化背景下推进医养结合进社区的对策研究》,《全科护理》2020 年第 34 期。

原新:《国际社会应对老龄化的经验和启示》,《老龄科学研究》2015 年第 3 期。

悦中山、王红艳、李树苗:《流动人口融合政策与农民工的社会融合》,《江苏行政学院学报》2017 年第 5 期。

翟振武、段成荣、毕秋灵:《北京市流动人口的最新状况与分析》,《人口研究》2007 年第 2 期。

张保仓、曾一军:《流动人口家庭化迁移模式的影响因素——基于河南省流动人口监测数据》,《调研世界》2020 年第 12 期。

张鸿琴、王拉娣:《人口老龄化对家庭住房需求的影响研究——基于离婚率的调节效应分析》,《东岳论丛》2020 年第 12 期。

张慧荣等:《北京市城乡结合部流动人口基本公共卫生服务提供状况调查》,《医学与社会》2017 年第 7 期。

张可可、谢宇婷:《就业质量、住房负担与高学历流动人口居留意愿》,《调研世界》2020 年第 12 期。

张雪、刘玉:《城市宜居性对流动人口居留意愿的影响》,《城市发展研究》2020 年第 12 期。

章平、魏欣、刘启超:《城市化中的土地和人口治理——深圳经验解析》,《开放导报》2018 年第 5 期。

周建军、刘奎兵、李祥:《人口老龄化、房价波动与城镇居民住房消费空间特征——基于省级面板数据的实证研究》,《城市学刊》2020 年第 6 期。

朱纪广等:《中国土地城镇化和人口城镇化对经济增长影响效应分析》,《地理科学》2020 年第 10 期。

朱志胜:《劳动供给对城市空气污染敏感吗?——基于 2012 年全国流动人口动态监测数据的实证检验》,《经济与管理研究》2015 年第 11 期。

左学金:《我国现行土地制度与产城融合:问题与未来政策探讨》,《上海交通大学学报(哲学社会科学版)》2014 年第 4 期。

Bayoh I., Boarnet M.G., Kahn M., et al., "Determinants of Residential Location Choice:How Important are Local Public Goods in Attracting Homeowners to Central City Locations?", *Journal of Regional Science*, Vol.46, No.1(2010).

Cao G., Li M., Ma Y., et al., "Self-employment and Intention of Permanent Urban Settlement:Evidence from a Survey of Migrants in China's four Major Urbanising Areas", *Urban Studies*, Vol.52, No.4(2015).

Committee on the Long-Run Macroeconomic Effects of the Aging U.S., "Population Aging and the Macro Economy:Long-Term Implications of an Older Population", *National Research Council*, 2012.

Engelhardt G.V., Gruber J., Perry C.D., "Social Security and Elderly Living Arrangements: Evidence from the Social Security Notch", *Journal of Human Resources*, Vol.40, No.2(2005).

Hook, J.V., Zhang W., "Who Stays? Who Goes? Selective Emigration among the Foreign-born", *Population Research and Policy Review*, Vol.30, No.1(2011).

Janet C., Matthew J.N., Johannes F., et al., "Air Pollution and Infant Health:Lessons from New Jersey", *Journal of Health Economics*, Vol.28, No.3(2009).

Juarez L., "Crowding out of Private Support to the Elderly:Evidence from a Demogrant in Mexico", *Journal of Public Economics*, Vol.93, No.3-4(2009).

Kahn M.E., "Smog Reduction's Impact on California County Growth", *The Journal of Regional Science*, Vol.40, No.3(2000).

Leeson G.W., "Realizing the Potentials of Ageing", *Journal of Population Ageing*, Vol.10, No.4(2017).

Levinson A., "Valuing Public Goods Using Happiness Data:The Case of Air Quality", *Journal of Public Economics*, Vol.96, No.9-10(2012).

Meijer A., Bolivar M.P.R., "Governing the Smart City:A Review of the Literature on Smart Urban Governance", *International Review of Administrative*, Vol.82, No.2 (2016).

Morgan Stanley, "Japan's Journey from Laggard to Leader", *Morgan Stanley Research*, Sep 2018.

Osborne S.P., "The New Public Governance?", *Public Management Review*, Vol.8, No.3 (2006).

Persico C., "Can Pollution Cause Poverty? The Effects of Pollution on Educational, Health and Economic Outcomes", *IZA Paper*, No.12965(2019).

Shuai Chen, Paulina Oliva, Peng Zhang, "The Effect of Air Pollution on Migration:Evidence from China", *NBER Paper*, No.24036(2017).

Som P., "Determinants of Good Governance for Public Management in Cambodia", *Journal of Service Science and Management*, Vol.13, No.1(2020).

Sun C., Kahn M. E., Zheng S., "Self-protection Investment Exacerbates Air Pollution Exposure Inequality in Urban China", *Ecological Economics*, Vol.131(Jan 2017).

Vadean F., Piracha M., "Circular Migration or Permanent Return: What Determines Different Forms of Migration?", *IZA Discussion Paper*, No.4287(2009).

Zhu Y., Chen W.Z., "The Settlement Intention of China's Floating Population in the Cities: Recent Changes and Multifaceted Individual-level Determinants", *Population, Space and Place*, Vol.16, No.4(2010).